多维视角下学校美育探究

高 升 ◎ 著

吉林出版集团股份有限公司

图书在版编目（CIP）数据

多维视角下学校美育探究 / 高升著. — 长春 ：吉林出版集团股份有限公司，2023.8

ISBN 978-7-5731-4023-4

Ⅰ．①多… Ⅱ．①高… Ⅲ．①学校教育－美育－研究 Ⅳ．①G40-014

中国国家版本馆 CIP 数据核字（2023）第 150218 号

多维视角下学校美育探究

DUO WEI SHIJIAO XIA XUEXIAO MEIYU TANJIU

著 者	高 升	
出版策划	崔文辉	
责任编辑	王诗剑	
封面设计	文 一	
出 版	吉林出版集团股份有限公司	
	（长春市福祉大路 5788 号，邮政编码：130118）	
发 行	吉林出版集团译文图书经营有限公司	
	（http://shop34896900.taobao.com）	
电 话	总编办：0431-81629909 营销部：0431-81629880/81629900	
印 刷	廊坊市广阳区九洲印刷厂	
开 本	710mm×1000mm 1/16	
字 数	221 千字	
印 张	11	
版 次	2023 年 8 月第 1 版	
印 次	2023 年 8 月第 1 次印刷	
书 号	ISBN 978-7-5731-4023-4	
定 价	78.00 元	

如发现印装质量问题，影响阅读，请与印刷厂联系调换。电话 0316-2803040

前　言

在我国，美育历史悠久，自先秦时期美育已在教育体系中出现，然而，当代美育却遭遇了"尴尬"困境，在教育体系中往往被忽视、轻视。尤其是在当前高校教育中，与知识教育相比，大学生美育已然存在"缺失之殇"，成为高校教育中的薄弱环节。其深陷发展困境，极其不利于大学生的全面发展和成长成才。

教育的重要意义就在于培养造就"自由和谐全面发展的人"。一个完整的人，从结构上说可以分为外在与内在两大部分。外在方面是指身体的形态结构；内在方面是指心理的文化结构，包括智力结构、伦理道德结构和审美心理结构。在心理学上相对应的是知、意、情，在教育上相对应的是智育、德育和美育。德、智、体、美是一个统一的整体，通过开展美育可以以美促善，以美传真，以美启智，以美健体，以美愉心。

各国的教育家、思想家、美学家已经达成了一个共识：没有美育的教育不是一种现代的、完整的教育，没有接受过审美熏陶的人不可能成为现代的、高素质的、全面发展的人。这既是专家、学者的共识，又是时代与现实的呼唤，人类的呼唤！

大学时期是人成长的重要阶段，美育不仅有利于提高大学生的道德修养和职业技能，而且能激发大学生的创新意识，培养大学生面对人生的乐观态度，是实现大学生全面发展的有效途径。美育在促进大学生全面发展中有着不可替代的作用。

由于笔者水平有限，编写时间短，若有缺点和错误，诚望广大读者批评指正。

目录

第一章　绪论

第一节　美学

什么是美学？这问题就像什么是美一样，众说纷纭。一般作为一门独立学科，美学的名称（Aesthetic）是由德国哲学家鲍姆嘉通（1714—1762）在1750年首次提出来的，人们由此把他称为美学之父。但鲍姆嘉通提出的"Aesthetic"跟我们今天意义上的"美学"，尚有一定的差距。鲍姆嘉通把人的认识分为低级阶段和高级阶段，即感性认识阶段和理性认识阶段。逻辑学研究的对象是理性认识，美学的研究对象则是感性认识。为此，鲍姆嘉通给美学下了一个定义：美学（美的艺术的理论，低级知识的理论，用美的方式去思维的艺术，类比推理的艺术）是研究感性知识的科学。

美学，如果从鲍姆嘉通提出这一学科的名称算起，发展是非常短暂的，不过只有200多年的历史，但东西方对美学的研究，却是源远流长的。关于什么是美学，也有过多种解说。

一、美学是"研究美的科学"

这种观点首先起源于柏拉图。他认为，美的事物不是美，真正的美是使事物成为美的那个东西——理念，它是一切事物美的根源，美学就是研究它的学问。把美学当作研究美的科学，归根结底是属于美学的本体论研究，应该说，并不代表美学研究的全部。

二、美学是"艺术哲学"

黑格尔把美学就叫作"艺术哲学"，这种观点很有影响。20世纪50年代，苏联不少美学家也曾把美学界定为艺术哲学，认为美学是"一门关于艺术的最普遍的规律和美的实质的科学"。这里强调了美学对艺术美的研究，却忽视了在自然与人类社会中所存在的现实美，不能不说带有一些偏颇之处。

三、美学是"审美关系学"

法国启蒙主义思想家曾提出，美在关系。俄国的车尔尼雪夫斯基在其论文《艺术与现实的美学关系》中也认为艺术与现实的美学关系是美学研究的重要内容。中国当代美学家王朝闻则明确地把美学称为"关系学，即研究审美对象和审美者之间的关系的科学"。

对什么是美的探讨，归根结底，均关系到美学研究与对象问题。人类的审美实践包含着三个基本要素：审美主体、审美对象与审美关系。

审美主体乃是审美实践活动的核心。审美主体的活动是一种精神的活动、情感的活动，揭示审美主体在审美实践活动中的共同规律和个性差异，乃是美学研究的一个重要内容。

审美对象是指人类在审美实践活动中所涉及的客体。离开了审美对象，审美主体的审美实践活动就无法展开。现实、艺术和自然，都可以成为人的审美对象。

审美关系是指审美主体与审美对象之间相互作用而产生的一种精神联系。美学一般研究主体与客体的审美关系，更着重研究艺术与现实的审美关系。

审美主体、审美客体和审美关系构成了人类的审美活动，由此，我们可以把美学称作一门研究人的审美活动的科学。从美学研究的具体范围来说，既包括美学的自身原理与规律的研究，如美的本质、特征、分类，审美心理、范畴，审美标准，各类艺术的美学特征，以及审美教育等；也可以包括美学的历史发展，不同民族美学思想的比较研究；同时，美学与其他学科，如哲学、心理学、文艺学、伦理学、自然科学的关系，也是美学研究的重要内容。运用现代科学的多种方法，通过对美学的纵向与横向、内与外的多角度进行研究，以求真正地对既是难的又充满魅力的"美"有一种领悟。

第二节 美育

什么是美育？美育就是美感教育、审美教育，就是应用美学基本理论、基础知识、基本观点，对学生进行形象的、生动的美感教育。这种教育不只是灌输，而且是陶冶情感、丰富感情、开阔视野。蔡元培先生说："美育者，应用美学之理论于教育，以陶冶情感为目的者也。"周扬在《美学》一文中直接说明了"美育又称审美教育、美感教育。它的任务是培养提高人们对现实世界（包括自然和社会）以及文学艺术作品的美的鉴别、欣赏和创造力，陶冶人的情操，提高人的生活情趣，使人变得高尚、积极，在思想感情上全面健康成长"。美育集美感教育和心理感受于一体，是欣赏、体验、鉴别，这个过程使人理性地受到感性启迪，以此丰富心灵、情感，进而激发每个人的创造力。这个意义的教育是潜移默化、润物无声的，而对于人的思维方式的转型却是从感受到能力的飞跃，从单一封闭走向多维开发。

一、中国传统美育思想

中国的古代文明历史文化是灿烂的，迄今仍然是世界性的重要遗产。其中中国古代的审美教育的思想，至今仍闪烁着理性智慧的光辉。早在夏商周时期人们就意识到了"乐教、诗教"的意义。尤其是孔子时代，学校教育提倡"六艺"——"礼、乐、射、御、书、数"。"礼"是道德教育；"乐"是诗歌舞蹈；"书"是学习文化；"数"是传授数学知识；"射"和"御"是军事教育，涉猎驾驭技能之训练。孔子作为一代宗师，注重"礼乐相济"的教育思想，认为人应该为君子，君子修身养性，"兴于诗、立于礼、成于乐"，即高尚的思想道德培养，从诗教开始，建立在礼教的基础上，在乐教中实施，才能实现美政、美人、美俗的理想。孔子奠定了中国以儒家思想为根本的审美教育基础，功不可没。后来，孟子、荀子又从不同方面完善了孔子的美育思想，归结起来，其儒家的美育思想表现为美在人文、中和。道家的美育思想表现为美在自然，主张师从自然、道法自然。佛家的美育思想主张美在空灵。孔子等注重的礼乐相济美育思想，今天仍是我国传统美育的主流。而道家和佛家的美育思想也构成了中国传统美育思想的组成部分，具有深刻的哲理与现代意义，是我们民族教育思想的精华，值得继承研究。近代的王国维（1877—1927）把教育分为德育、心育（真善美），也是很有意义的。值得一提的是近代教育家蔡元培先生，他第一个提出"五育并存"的教育方针，即军民主义教育（体）、实利主义教育（智）、德育主义教育（意志）、世界观教育（哲学观）、情感教育（美育）。在当时的中国，蔡元培大胆提出以美育代替宗教的主张，并亲自在北京大学讲授美学课，创办美专，成为近代史上发展美育的先行者。

在我国社会主义建设初期，20 世纪 50 年代把德智体美并列为教育方针。随着改革开放的发展，物质文明和精神文明建设不断深入，党中央及教育部门恢复了美育的应有地位。这说明了美育教育在育人中的特殊作用，对于培养新时期新人素质的重要性。

二、西方重要的美育思想

在西方，也有一些很重要的美育思想。古希腊罗马时期的城邦国家，推行"缪斯教育"。缪斯是古希腊神话中的艺术女神，有 9 位，掌管着文艺、美术、音乐、诗歌等。"缪斯教育"就是进行美育教育，城邦规定 7~14 岁的儿童少年，可以进入文法学校或琴弦学校学习；缪斯教育同时也重视德育教育，目的是培养城邦的保卫者。

当时非常有名气的哲学家、思想家、教育家如柏拉图、亚里士多德在美育方面都提出了很深刻的思想。如柏拉图（公元前 427—前 347）提出，为了防止罪恶、放荡、卑鄙和淫秽，对青少年实施美育是最有效的办法。特别是音乐节奏与乐调有着最强烈的力量，能够进入人心灵的最深处，如果教育的方式适合，优美的音乐就会浸润心灵，使它因而得到美化；受过这种良好的音乐教育的人，可以很敏感地鉴别出一切艺术作品和自然界的丑陋，远离它们。因此，看到美的东西，他就会赞赏它们，很快乐地把它们吸收到心灵里，作为滋养，因此自己性格也变得高尚优美。亚里士多德（公元前 384—前 322）非常明确地提出了音乐的教育功能——教育、净化、精神享受。特别是亚里士多德的净化说，实际上概括了美育的独特功能和作用，对后世的审美教育实践影响非常深远。

14—16世纪欧洲的文艺复兴运动，宣传以人为本、崇尚理性，重视古希腊、古罗马创造的人类文化遗产，弘扬人文精神，强调个性发展，完善人格，对于后人的审美教育影响也是巨大的。特别是当时一批有名的作家、画家留下的名著、名画，都是对后人实施美育教育的活教材。

18世纪德国剧作家、美学家席勒（1759—1805）是第一个系统地提出"审美教育"理念的人，并对美育的意义、社会作用做了详细的研究。他认为审美不仅是促使人性教育完善的手段，也是实现政治自由的途径。他的27封谈美育的信——《审美教育书简》代表了他的美育思想。该书把美育的作用提升到完善人格、拯救社会的高度，有重要的教育价值，有人称其为"第一部审美教育的宣传书"。席勒曾说，资本主义在物质文明取得进步的同时，却日益丧失了人性的和谐与尊严，致使物欲横流，世风低下，"现在，国家与社会、法律与道德习俗，都分裂开来了；享受和劳动、手段与目的、努力与报酬都彼此脱节，人永远是被束缚在整体上的一个孤零零的小碎片，人自己也只好把自己造就成一个碎片"。这深刻提出了人性的和谐、完善的重要性，而实施审美教育是最好的途径。席勒的美育思想是教育史上的丰碑，对人的全面、自由的发展有着十分重要的意义。

纵观历史可以看出，美育对于任何时代的教育都是必备的，重视美育，重视人的全面、和谐发展也正是马克思主义美学提倡的一个观点。

第三节　美育的特点、功能及实施

一、美育的特点

大学美育的特点表现为寓教于美的形象性、寓教于乐的感染性、寓教于情的情感性、寓多为一的丰富性。

（一）寓教于美的形象性

大学美育课不同于其他课程的地方，在于寓教于美，以独特的形象性，以生动的视觉、视听效果付诸教育过程中。大学的理论授课方式主要是讲授灌输，让学生接受辩证思维，理性智慧，明了是非善恶，懂法守律。大学的专业课从专业的概念入手，以实验的原理通过判断推理的形式对学生进行抽象思维的训练，以了解掌握专业知识。而美育包括美育原理及各种欣赏课，则是通过具体生动的形象来感染人、打动人，课堂气氛是轻松、活泼的，学生在不知不觉间受到教育。如语言的艺术、文学欣赏等，是以绘声绘色的形象化的语言、描述性的词语来讲授的。造型艺术中的美术欣赏、摄影欣赏等课，以生动的造型展现在学生面前，虽然都是小小的画面，却浓缩了大千世界的历史、众多名人杰作以及美妙的背景故事。学生是眼看图像，脑中思索，如高山大瀑，激昂汹涌，满目皆美，心灵震颤。生动的造型也能永远定格于他们的心中，成为他们为人处世的楷模。

（二）寓教于乐的感染性

寓教于乐的感染性其实与寓教于美的形象性是不可分割的。生动形象的身教具有感染性。在美育课的教学典型形象中，如正面的、积极的、善良的形象，使学生在轻松快乐的气氛中，受到理性、正义、公正的感染；那些反面的、卑微的、低俗的典型形象，在同学们的笑声中得到否定，从另一侧面受到做人的启迪。寓教于乐是最自由、最开放，事实也是最高级的教育方式，对大学生来说，也是高品位的审美愉悦和精神享受。美育轻松快乐的功能正是大学生所追求的、所喜欢的。多年的应试教育已使他们身心疲惫，所以，大学美育课不论在什么样性质的学校开课，都无一例外地受到大学生的欢迎。

（三）寓理于情的情感性

席勒早就意识到美育可以完善人性、完美情感。美育自身就是情感的教育，这一点与伦理当有异曲同工之功效，只不过是美育的情感教育不是说教，是潜移默化的一种情感积淀。心理学研究表明，人的一生中如不能正常满足情感的需要，那么他的人格发展就会遭遇障碍。情感在人的心理活动中有着不可缺少的动力作用。美育的作用就在于培养对假丑恶的恐惧感、憎恶感，对真善美的同情感、亲近感、共鸣感。整个美育过程，以生动的形象、道德情感的参与，使精神境界得到净化，不具明显的功利性和实用性。美感使人超越了世俗情感，而提升整个心灵达到道德境界，达到天人合一的境界。美育教学恰恰可以达到以情动人、寓理于情的教育效果。

（四）寓多为一的丰富性

审美的教育风格是灵活多样的，这是因为审美教育内容也是丰富多彩的。自然美、社会美、科技美、艺术美等构成了审美的多样性，即使同为艺术审美，又可分为中外名画欣赏、雕塑欣赏、摄影欣赏、小说欣赏、诗歌欣赏等。既有单一型的，又有综合型的；既有融入自然的旅游型的，又有入座高雅艺术殿堂欣赏型的。大学的美育教学考虑这个特点，培养学生参与不同的审美活动，在参与中去创造思考，去体验崇高优美，去感受生命的真谛，自然而然得到一种陶冶。

二、美育的社会功能

审美的教育有巨大的社会功能，表现为可以激发爱国激情，可以使人追求真理，开启智慧，还可能使人心理健康、道德高尚、身心健美。

（一）美育激发爱国激情

古人讲以铜为镜，可以正衣冠，以古为镜，可以知兴衰。美育的教学，从不同角度体现了文化之灿烂、山河之壮丽。由此激发的爱国热情是自然而然的，这是美育重要的社会功能。以美爱国，以文育心，以象观理，可以增强民族的自豪感，激发大学生的爱国心，培养对祖国对人民的深厚情感。

（二）美育使人追求真理，开启智慧

美育不仅可以使人爱国，还可以使人追求真理、开启智慧。因为美的事物、美的形象，反映的是客观世界的真情、真实，客观世界是怎样的，我们就应该根据它的本来面目去反映它，这就是马克思主义辩证唯物论，这也是自然科学、社会科学所要寻求的真谛。大学生培养马克思主义世界观，审美教育也是一种最好的形式。追求正义真理，这是任何时代都倡导的时代精神。美育教学训练中，形象思维不是从以抽象思维为出发点这个特征出发的，对于人的智力潜能的开发也是显而易见的。脑科学的研究成果表明，人的大脑左半球具有抽象思维的功能，右半球具有形象思维的功能。有研究表明，人的智能潜力在于开发大脑的右半球——形象思维。在科技史上，有人问爱因斯坦的伟大发现时，他说过对于问题的思维，往往是形象、跳跃式的思维，然后再用逻辑的语言把其表达出来。牛津大学数学家罗杰教授是量子学的创始人，他的代表作《新思维之王》

提出人的大脑最微观的是量子，以人做比喻的话，把人缩小到量子，如同一个人在同一房间里，可以分化为数个同一人，同时做数项工作，如看书、画画、组装、扫地等，说明大脑潜能是巨大的。许多的科学家正在寻找开发大脑潜能的钥匙，许多观点认为人的潜能在于右半球，审美教育就是形象化的教育，就是直接开发大脑的右半球的，审美教育就是直觉思维、顿悟思维、灵感思维及多向思维等。我国数学家苏步青教授也认为，搞点形象思维，对打开思路、活跃思想是很有好处的。求真与求美是分不开的，是同一创造过程的两个方面。在美育中得到一种新的思维方式或新的思路，用于开拓、创新，是我们社会主义建设的必然要求。

（三）美育使人心灵净化，道德高尚

美育有着使真与美结盟的功能。美也同样与善结缘。俄国别林斯基（1811—1848）曾说过，美和道德是亲姐妹。匈牙利音乐家李斯特（1811—1886）说，诗歌和艺术天才的使命在于美的光芒笼罩真理，诱导思想高扬，用美激发被感动的心灵向善，使他上升到道德生活的高峰，把自我牺牲变成了享受，英雄行为变成了需要，自己什么也不要求，却在自身中能找到给予别人的东西。这说明美育对于社会具有心灵净化的功能，从美出发，可以引导向善。在我国艺术界的一些老前辈如郭兰英、新凤霞，她们都是在学艺中先学会了做人，然后是德艺双馨。美育可以引导人走向道德的高峰，对个人、这个功能是明显的，对整个社会，这个功能也是非常强大的。

（四）美育使人调控情感，心理健康

中央音乐学院开设了国内第一家音乐治疗室，许多患者在轻松的音乐声中恢复了健康。有家杂志社以《音乐是旗，爱是风》为题报道了这一事件。人们常说，"笑一笑十年少，愁一愁白了头。"大学生在紧张的专业学习中，有很多烦恼、不如意，如学习压力、就业压力等。美育可以调整心理、振奋精神、缓解压力、增强心理防御机制。不仅是音乐，其他的美育活动也都有此功能。如古人看山水画，称为"卧游"；书法的练习也可以静心屏息；纵情在大自然山水中，则心旷神怡。徐志摩的《再别康桥》中"那榆荫下的一潭，不是清泉，是天上虹；揉碎在浮藻间，沉淀着彩虹似的梦，寻梦？撑一支长篙，向青草更青处漫溯，满载一船星辉，在星辉斑斓里放歌"。这么美的诗境，听了会令人振奋、向往。

美可移情，调整心理，是人们社会生活中不可缺少的内容，也是大学生保证心理健康的重要条件。

（五）美育使人修身养性，身体健美

我国医学心理学家认为，人的许多疾病，如高血压、胃溃疡、神经系统的疾病都与人际关系失调有关。在社会生活中，紧张、悲愁、抑郁，不仅导致心理失常，也同样影响生理健康，造成不同的病态。中医认为，怒伤肝、喜伤心、虑伤脾、忧伤肺、恐伤身。社会美育活动开展得好，人间温暖如春，多组织一些健康的艺术活动，社会风气就会好起来。大学生社团活动、艺术节等活动多开展一些，大学生活也就浪漫了几多，对身心健康也多有益处。

三、美育的任务和实施

根据美育的特点和功能，大学美育的任务可归纳为树立正确的审美观念，形成健康的审美情趣，培养想象力和创造力，开阔知识视野，全面发展自己，完善人格。

（一）大学美育的主要任务

1.树立正确的审美观念，形成健康的审美情趣

在我们这个社会里，有占主导地位的马克思主义的世界观、审美观，也残存有封建主义的世界观、审美观，还有资本主义的世界观和审美观。我们在大学的美育课堂上，提倡的是树立马克思主义的科学的世界观和审美观。培养正确的审美观包括培养审美情趣、审美标准、审美理想，倡导一种高雅的生活方式。依据马斯洛的需求理论，人的生活质量可分为七大层次：物质、社会、文化、生态、心理、审美、精神，或者说人的生活可依次有以上七种需求，而审美是较高层次的需要。一个社会群体审美层次的高低，是这个社会文明程度的高低的表现，也是社会成员生活质量高低的标志。只有树立正确的审美观念，才能培养健康的生活情趣，提高生活质量。

2.培养审美的感受力、鉴赏力，训练生活的想象力、创造力

培养审美能力是大学美育的一个重要、具体的任务。审美能力指的是审美主体对客体美的感受和鉴赏。在学习生活中，表现为不同凡响的想象力、多向思维的创造力。马克思曾说过，如果你想得到艺术的享受，你就必须是一个有

艺术修养的人。鉴赏美、领悟美，把对美的感觉上升为理性认识，做出正确的判断，分清高雅与庸俗，把握审美的意蕴，才能充分地欣赏美，悦耳悦目进而悦志悦神。目前我们的大学美育还属于补课阶段，补好人生的这一课对于激发大学生的想象力、创造力，进行创造性的工作非常关键。

3. 开阔知识视野，让大学生多才多艺

大学美育，还有一个相应的任务，就是知识面的开阔。现代教育是多角度、多维面，专深中有广博，广博才能精深。文理兼容，文要通理，理要通文、通艺。大学开设美育课，开阔知识视角，让大学生学习美学的基本理论，学习赏诗品文的规则，学习美术作品鉴赏知识。这样才能使学生多才懂艺，或多才多艺。

4. 全面发展自己，完善人格

概括起来，就是当代大学生要全面发展。全面发展，是指发展和提高人的基本素质，这是《1844年马克思经济学哲学手稿》中早就提到的思想。大学生素质的培养包括培养思想道德素质、科学文化素质、心理素质、身体素质、艺术素质，即德智体美协调发展。《中国教育改革和发展纲要》提出："美育对于培养学生健康的审美观念和审美能力，陶冶高尚的道德情操，培养全面发展的人才，具有很重要的作用。"在全面发展社会系统过程中德育是灵魂，智育是核心，体育是基础，美育是情感工程，是德育的摇篮。

（二）大学美育的实施途径、方法

实现审美教育是一个社会化的行为和工程。在这个过程中，家庭美育是人生的审美启蒙点，对孩子以后的发展影响很大。学校美育是形成一个人审美观念和审美能力最重要的基地，课堂美育是审美教育的关键点，课余活动是审美教育的补充和延伸。社会美育也是实行美育教育的大空间，包括环境美育。

第四节　美育与大学生德育、智育、体育的关系

德、智、体、美四育是一个统一的整体。马克思、恩格斯提出了人的全面发展问题，这是人类的美好理想。教育的重要意义就在于培养塑造全面发展的人。一个完全的人，从结构上说可以分为外在与内在两大部分。外在方面，是指身体的形态结构；内在方面，是指心理文化结构，主要由三个部分组成：智

力结构、伦理道德结构和审美心理结构。在心理学上相对应的是知（认识）、意（意志）、情（情绪）。按王国维的说法，即知力、意志、感情。在教育上相对应的，是智育、德育和美育。通过教育发展人的智力才能，提高道德水平，培养审美修养，健全体魄，使人的智力结构、伦理道德结构和审美心理结构和身体结构不断得到完善。它们之间的关系也体现了真善美的关系，美是以真为基础，以善为前提的。审美心理结构，是建立在智力结构、道德结构和身体结构之上的，同时又给它们以反作用，使它们进一步完善和发展。所以，人的智力结构、伦理道德结构、审美心理结构和身体结构，是一个统一的整体。体现在教育上，德智体美四育也成为一个统一的整体。所以，王国维说，德智美"三者并行而得渐达真善美之理想，又加以身体之训练，斯得为完全之人物，而教育之事毕矣"。

苏霍姆林斯基认为，统一的完整的教育过程，应当体现智育、体育、德育、劳动教育和审美教育的相互渗透、相互交织。他说人的个性是一种"由体力、精神力量、思想、情感、意志、性格、情绪等因素组成的极复杂的合金"。

"人的精神生活领域就是在人的积极活动的过程中使其德、智、体、美诸方面的需求和兴趣得以发展，形成和满足。"总之，没有美育，就谈不上教育，不可能培养全面和谐发展的人。

美育对德育、智育、体育有促进作用。近代王国维认为美育是实现德育、智育的重要手段之一。"美育者，一方面使人感情发达，以达完美之域；一方面为德育、智育之手段。"苏霍姆林斯基"善的根源在于建造、创作、确立生命和美"。"美是人的道德财富的源泉。""当他们感到精疲力竭，对自己力量缺乏信心，困惑不解的时候，音乐重新唤起他们的精神力量和青春活力。""没有一条富有诗意的、感情的和审美的清泉，就不可能有学生全面的智力发展。"他认为，绘画、古代童话能唤起儿童的想象力，发展创造性思维。而音乐的美更是"思维的丰富源泉""在音乐旋律的影响下产生在儿童想象中的鲜明形象能活跃思维，如同把思维中无数的溪流汇成一条河道"。

一、美育与德育

美育与德育有着必然的内在联系，美育本身也含有道德教育的因素。孔子说："移风易俗，莫善于乐；安上治民，莫善于礼。"荀子说："且乐也者，和之不可变者也，礼也者，理之不可易者也。乐合同，礼别异，礼乐之统，管乎人心矣，穷本极变，乐之情也；著诚去伪，礼之经也。"荀子关于乐与礼对立统一和相辅相成的理论，揭示了美与善的内在联系，指出了美育对德育的促进作用。他说："乐行而志清，礼修而行成，耳目聪明，血气和平，移风易俗，天下皆宁，美善相乐。……金石丝竹，所以道德也。"审美教育可以陶冶人的情感，在轻松愉快的气氛中，潜移默化地促进道德教化，使人趋向善，达于"美善相乐"的境界。

通过美育，使人们在追求美的同时，分清什么是善、什么是恶，树立高尚的道德情操。在审美教育的过程中，不仅使人的感情得到净化，而且理性化。既动人以情，又晓人以礼，既提高了审美观念，又增强了道德观念，使精神得到升华，情操变得高尚，极符合"善"的要求，道德规范的要求，这就是所谓的"以美引善"。

此外，我们还必须认识到，德育所实施的行为规范是美与道德的高度统一。当道德情感再进一步转化为道德行为时，这种行为不但是善的，而且是美的，甚至是崇高的。道德行为是善的，但不一定是美的，因为它可以具有一定的功利目的，但不一定自觉；由道德情感转化的道德行为，就能将某种功利目的化为自觉的情感力量，这时它是自由的，也是美的。自律与他律的高度统一，使主体的目的性符合最高的善，即符合人类总体的具体存在和发展。当一个人不计个人的利害，不畏惧死亡，为实现最高的善而奉献一切、牺牲一切时，就达到了最高的审美境界，即崇高的境界了。

二、美育与智育

美育与德育研究的是美与善的关系，而美育与智育则是研究美与真的关系。

科学是关于自然、社会和思维的知识体系，它是人类对客观世界规律性的认识。客观世界有其发展的必然规律，这就是真，而真与美是密切联系在一起的。黄金分割线之所以被称为"美线"，就是因为它表现出一种"和谐"，而这种比例正符合动物、植物的生长法则。

当人们通过社会实践将其认识和掌握的规律（真）转化为肯定的感性成果

时(人化的自然、城市建筑、各类交通工具、日常生活用具等)和理性成果(数学、化学、物理学、哲学、历史学等)时，这样的成果不仅是善的（对人类的生存、发展、进步有利），而且是美的。

智育的任务，不仅是要给学生传授一定的科学文化知识和基本技能、技巧，同时要发展学生的智力。在教学过程中加入审美活动，启发学生的美感，有助于培养高尚的志趣和理想，提高学习兴趣和对知识、真理的渴望与追求，并以美导真，获得对事物本质的了解和客观世界的正确认识。另外，美育对于创造性思维和能力的培养，还有独特的效果。在审美活动中，审美主体对客观存在的美的具体感受，是一种涉及感觉、知觉、联想、想象和理解等多种心理功能的综合性心理活动。因而，通过美育，能够有效地提高观察力、感知力、想象力、理解力、创造力，使才思变得更加敏捷，想象变得更加丰富，视野变得更加开阔，对触发创造契机，形成科学顿悟，推动人们探索真理、发现真理和智力创造，有不可估量的意义。

美育与智育不仅存在本质上和思维上的一致性，而且美育使学生得到情感上的熏陶，获得精神上的力量，调动内在的学习积极性，进而对知识产生浓厚的兴趣。

三、美育与体育

体育的目的，是使身体能健康而和谐地发展，增强体质。在这里，健与美是统一的。人不仅应当健康，而且应当英俊；而美又与健康、与肌体的和谐发育不可分。体育运动主要是通过动作表现出来，而动作必须经过肌肉活动的方向、力量、幅度、频率等在一定时间和空间出现。集体运动的准确性、规范性必然是力与美的综合形象。

体魄的健美是人的和谐发展不可缺少的一部分。通过体育运动，有助于形成正确的姿态、强壮的体魄和动作灵活的优美体型。身体健康，有力量，动作敏捷、协调，是人体美的重要组成部分，也是人的内在美和创造性潜能的外在表现。

审美教育可以使学生领略到人体的美、体育运动的美，从而按照审美要求进行锻炼和训练，通过自由均衡的运动，培养内在的意志和精神，发展健美的体格，显示出力量的美和美的力量，使身体美与心灵美和谐一致，达到最美的境界。

正确处理德、智、体、美全面发展的关系。学校要实现德、智、体、美之间的有效整合和良好互动，促进学生的全面发展，推进素质教育的全面实施。以素质教育为核心的现代教育应该是促进人的智力、体力、道德品质及个性的充分自由、和谐发展。德育、智育、体育、美育都是作为社会主义教育事业的重要组成部分，它们担负着不同的任务，彼此独立，又互相渗透、互相影响。其中，德育是教育的统帅和灵魂，在学生健康成长和学校工作中起导向、动力、保证作用，它要解决的是目的、动力和为谁服务的问题；智育是教育的中心环节，它解决的是本领、能力和怎样服务的问题；体育和美育则是德育、智育的重要保证。美育还能使人的境界得到升华，人格得到完善。实践证明，德育、智育、体育、美育之间的有效整合和良性互动，是学校实现全面、协调、可持续发展的重要保证。

第二章 美的概论

美是一个古老而又年轻的美学难题，美和美感及美的范畴是哲学体系中出现较晚的分支，在历史上对于它们的概念、内容以及特征等，有着不同的认识和观点。本章从美的历史发展的角度分析、阐述美的本质，美感以及美的范畴的问题，阐明美是人类社会劳动实践的产物，美感是人的一种内驱力，美的范畴是不同类型审美现象的主观反映。

第一节 美及其本质

一、关于美的学说争论

美，一个令人有无数遐想的字眼，一个争论了几千年的话题，却从来没有一个确切的定义。正因为如此，美才显得神秘和朦胧。其实，我们称为美的现象极多：巍巍高山、茫茫草原、阵阵松涛、花香鸟语。从自然界到人体，从艺术到欣赏，是那么波澜壮阔，却又错综复杂。人们谈美、创造美、欣赏美，是否有一种共同的东西或者共同的规律在其中发挥作用？有人说美是难的，这一句话千百年来引起许多哲学家欲洞悉它的奥妙。在人们百思不能求解的过程中，出现了异同相间的学说。例如，有人从中国汉字"美"的结构上解释，美是"羊大则美"，这当然是感情需求和享受需要，古代有人类狩猎杀生、开鸿启蒙时代的印记，也就是满足即是美。这说明人在与美交流的时候感官享受的程度有多大。

在古代，美与善合在一起，把美与伦理道德联系在一起，这可能就延伸了美的含义。这种延伸在触及日常生活中人们对美的概念时就又不相同了。人们击掌闻曲，涂画山水，使得美在审美判断时，暂时离开感官的满足和伦理道德。

车尔尼雪夫斯基说"美是生活"，把美的结论向前迈进一大步。人类的生活包罗万象、五彩缤纷，美也就是在生活中被创造、被发展、被欣赏，这与黑格尔、康德和柏拉图的说法截然不同。从现有的美学研究来看，车尔尼雪夫斯基的结论应当是具有唯物主义的哲学观点。中国的文化历史悠久、辉煌，对美学的贡献也颇有成就。影响较大的是"境界说"。庄子首开先河，后在王昌龄、刘禹锡等人的努力下，解释了境界的精神特征。近代学者王国维又把境界分为"有我之境"和"无我之境"，涉及了文艺创作中的主客体的关系及其相互转化的问题。之后一路走来了许多美学大师，如宗白华、方东美、朱光潜和冯友兰等，他们都对境界做了艰深的探讨，取得了重大的成就。境界的核心是超越。只有人才能构成对客观实在的超越，最终形成境界，而动物则都是本能的自然反应。

"功利说"也是对美的形成的一种较为普遍的看法。在生产力不发达和生存物质匮乏的时期，对生存需要的渴求几乎占据了人的全部意识，人们怀着功利的目的用眼光审视着周围变化的世界，使人们在较为充裕地享受劳动产品时，功利所产生的美感隐藏于知觉活动和情感活动的深层里面。由此功利价值作为一个中介作用，仍然在人与事物之间建立密切而稳固的联系，"美"和"善"即是这个概念的最好表达了。例如，生理性的快感就是功利性的显著显现，从味觉到视觉，功利形成人类审美的基础。

由于事物属性及人之需要的多样性，功利性也是多方面的。第一，满足人的生理性需要的直接功利价值，如吃、穿、住、行等。第二，满足人的社会性需要的间接功利价值，如政治、道德、社会交往等。从一般意义上讲，前者较为普通，后者则是以人的社会意识、政治观念而影响人的审美情趣。如以物质的自然属性赋予人的意识：大海与胸襟宽阔、鲜花与美丽的少女，这些美的形成往往大于物质本身的本身属性。当然功利性在人的正常本能得到满足后，便会为另一种美的形式所困扰，即艺术美。朱光潜说："美是客观方面的某些事物、性质和形态适合主观方面意识形态，可以交融在一起而成为一个完整形象的那种性质。"这里主要强调人在审美过程中的主观作用，并认为，只有人的主观情感和意识与对象结合起来，达到主客观在"意识形态"即情感思想上之统一——方能产生美。

在美学史上，以哲学家身份介入美学研究的人，大多都是屹立在哲学殿堂的博学者，如柏拉图、休谟、康德、黑格尔、克罗齐、杜威等。

二、美的本质

讨论美的本质，必先弄清美的根源。那美的根源究竟何在？

马克思主义实践哲学在美学上的一种具体的表达与落实是"自然的人化"，就是说，美的本质、根源来自实践。其中人的本质与美的本质不可分割，也就是说离开人很难谈到美。人类有悠久的生产劳动的社会实践活动作为中介，在漫长的几十万年的制造工具和使用工具的实践中，劳动作为运用规律的主体活动，日渐成为具有普遍规律的性能和形式，人类逐渐熟悉各种自然秩序、形式规律、掌握并运用，才使这些东西具有了审美性质。自然事物的性质（生长、运动、发展等）和形式（对称、和谐、秩序等）是由于人类这种物质生产中符合规律的主体活动。因此，人类的劳动是美产生的源泉，是与人的本质紧密关联的。自然界的外在形式，是由于它们跟人类的客观物质性的社会实践对应才成为美。人类形成的人性生理——心理结构（包括逻辑、数学观念、因果律观念等智力结构，意志力量等伦理结构和形式感受等审美结构），都源于人类的实践。

人类的发展使自然相对变得"人化"了，也是自然的"异化"。在这个过程中，人类不仅具有动物性的本能活动，又创造了其他动物所不能企及的物质文明和精神文明的成果，实现了人的自由。这里的所谓"自由"，不是指个人的任性和偏见，而是指人类掌握或符合客观规律的物质现实性的活动过程和活动力量。真正的自由必须是具有客观的、有效性的伟大行动力量，是人类和个体通过实践所建立起来的客观力量和活动。尽管人类创造了语言、符号，但是，只有通过实实在在的物质生产运动，才能使人类更加自由地生活在世界上。

第二节　美感

美感也称为审美感受，是人类高级的情感体验。它与动物的单纯的感觉活动（快感）是有区别的。人类是借助高级的神经系统的条件反射而有的感觉，也就是脱离了动物的快感而上升到人类的理性层面。也有人从反射角度谈美感，认为涉及智能、创造性思维及其相应情感的三级反射，是美感产生的源头。

一、关于美感的不同见解

对美感的不同解释，主要是基于它们哲学基础的不同，因而形成了关于美感的唯物主义和唯心主义的根本不同的界说。

（一）唯心主义美学对美感的认识

唯心主义美学研究的哲学基础，是把世界的本质归为与客观的物质世界毫不关联的主观意识和客观精神，是将美感确定为离开审美对象，脱离审美的实践活动，孤立存在的意识活动。首先，唯心主义美学否定美感的现实基础，崇奉美感的超验性。古希腊美学家柏拉图认为美是超验的"理念"的参照，而且这种观照不是一般人从世俗的立场出发所能实现的。新柏拉图主义者、古罗马时期的美学家普洛丁称："最高的美就不是感官所能感觉到的，而是要靠心灵才能见到的。"这种美感是超感觉靠内在灵魂去拥抱那永恒之美而体验的美的极致。其次，唯心主义美学否定对象对美感形成的制约作用，宣扬美感的先验性。他们不像柏拉图等人那样否认审美对象的客观存在，但是却把美感的基础归结为人类的先验的审美感官。英国美学家夏夫兹博里认为，人一生下来就有辨别美丑的能力，称为"内在的感官"，即后来的"第六感官"的原始意念。他认为："对事物的美感或感觉力是天生的，先于一切习俗、教育或典范。"他的理论的先进性在于他又认为教育和习俗中形成的外在感官，可以给"内在感官"以影响。这是一个不小的进步。第三，唯心主义美学无限张扬美感的主观精神，否认美感认识的客观内容。这要首推英国主观唯心主义哲学家休谟。他认为美与客体对象本身的属性无关，它只存在于观赏者的心灵之中。每一个人心见出一种不同的美来，对美与丑也会形成不同的看法，完全取决于个人的感觉。所以他主张"趣味无可争辩，不定美感"的客观标准。德国古典美学家康德试图调和唯物主义与唯心主义的矛盾，但是中间的路线是没有的，最终还是滑向了唯心主义。他认为美是主观的审美判断只是"凭借想象力（或者想象力与悟性相结合）联系于主体和它的快感和不快感……审美的规定根据，我们认为它只能是主观的，不可能是别的"。康德的这一观点给后世美学以相当大的影响，如里普斯的"移情说"、谷鲁斯的"内摹仿说"与克罗齐的"直觉说"等。唯心主义美学对美感的特征、美感的心理形式的研究还是比较深入的。

（二）唯物主义美学对美感的认识

从唯物主义的立场出发，承认物质的客观属性及意识对存在的依赖作用的唯物主义美学，肯定现实世界美的存在，认为美感是对审美对象的反映和认识；但是往往离开人的社会性而从人的生理感官或本能冲动去看待美感，因而不能科学地揭示美感的本质。亚里士多德认为美的对象之所以给人以快感，就在于对象的"秩序、匀称与明确"，发展了柏拉图的"摹仿说"，是一种被动的感知。英国18世纪经验派美学家博克发展了英国的感觉论，认为不仅要从生活中去揭示美感，还要从社会生活中寻求美感。德国古典美学家费尔巴哈认为对象是人显示出来的本质，在对象中得到一种人的本质的直观就是美感。坚持唯物主义原则认识美感的另一个美学家是车尔尼雪夫斯基。他以费尔巴哈的唯物主义学说作为自己美学思想的哲学基础，批判了黑格尔的客观唯心主义美学观，提出了"美是生活"的著名论断。他的主要缺点仍是从生命的本能去解释美感，因而混淆了美感与快感的区别。

二、美感的起源和本质特征

（一）美感的起源和发展

美感的起源是研究美感本质的出发点，因为美感的历史也是它的逻辑起点。那么美感是什么时候产生的、在哪儿产生的和怎样产生的？这确实需要一些想象的成分，而且也带一些神秘的色彩。马克思说过："社会生活在本质上是实践的。凡是把理论导致神秘主义方面去的神秘东西，都能在人的实践中以及对这个实践的理解中得到合理的解决。"因此，我们在美感的学习中，要坚持实践的观点，这是理论前提和哲学基础。

人类起源于劳动，也就是说正是劳动创造了对象的世界和人本身，形成了人的社会感官。这是人与动物的根本区别。也使我们把人具有的美感与动物的快感分离出来。在生产力还不发达的时代，人的意识系统还仅是以实用为核心的。普列汉诺夫在《论艺术》中说："从历史上说，以有意识的功利观点来看待事物，往往是先于审美的观点来看待事物。"这就是说，美感和快感还是联系在一起的。随着人类同自然界的交流，人们结成了更加密切的社会关系，形成了更广泛的交流，这样就产生了语言。语言成为这个人的符号特性，最终成了同动物根本区别的标志。我们就可以说随着人的语言和心灵的发展，使人的感觉渗透了理性的内容，只有在这种前提下，人的美感才能从生理快感、本能欲求和实用目的中独立和分化出来，并获得进一步的发展。

美感与快感分离后，社会美的审美意识进一步发展起来，它是随着艺术的产生而发展的。人们在劳动实践中产生的审美愉快作为一种社会需要，反过来必须创造特殊对象以专门满足这种需要，于是诗、歌、舞等艺术形式相继出现。它们的出现直接发展了人们的观察能力和想象力，丰富了人们的情感领域，并且以一种对象化的形态更集中地体现着人们的美感。在自然美的审美意识没有出现之前，人们把与自己生活有关的自然美的现象当作社会美来欣赏；随着劳动实践和社会生活的发展，人的本质力量得到不断丰富，人们才开始欣赏与社会美没有直接联系的自然美的对象，如奇山秀水和花朵等，产生了对自然美的美感。因此，对社会美的美感早于自然美的美感而存在。所以人类最早的画像都是以动物为主题的，而以山水入诗入画在中国是六朝朝代，在西方，有独立意义的风景画则是在 17 世纪时才出现。

（二）美感的特征

人的美感活动作为一种复杂而特殊的精神活动，主要有如下几点特征：

1. 美感的直觉性

直觉是感官对整体外在形式上的直接把握，是事物的外在形式（线条、色彩、构图、结构）吸引我们审美活动的第一步。不能想象没有直觉的审美活动是如何发展的。审美直觉是指在审美活动中审美主体感受的直接性、直观性，即整个审美活动都要在这形象的、具体的、直接的感受中进行。它不同于哲学、逻辑、自然科学的认识活动，可以不必有感受的直接性，材料可以通过间接的经验获得。我们平时说"只可意会，不可言传"就是此意。

一般来说，美感的直觉性有两个层次，一方面指审美要有感受的直接性，审美主体必须与审美对象形成对应性的关系，才能去感受美、欣赏美；另一方面指审美并不需用多长时间才能进行审美判断，而是不假思索地去判断对象的美与不美。因为审美具有一种只能意会不能言传的特点。

审美直觉从本质上说具有双重性。一方面就审美个体而言这种审美具有直观性质；另一方面在直观的背后渗透着理性的内容。在审美实践中人类创造了自身的审美经验，使理性的东西融化在感性中，历史的东西融化在心中。也就是说，直觉的审美是人们长期经验的积累，是以人们对某些审美对象早有的思索与理解力为基础的。所以，直觉审美可分成初级直觉和高级直觉。初级直觉是往往带有片面性和表面性的审美活动的起点；只有当直觉渗透着理性因素时，也就是经过积淀，达到理性认识的直觉阶段，才能构成高级的直觉。

2. 美感的非功利性

美感的非功利性与潜藏的社会功利性美感虽然皆具有一定的功利性，但是这种功利性并非直接表现出来，因为人们在审美时往往不做实用功利考虑便可以产生愉悦，即在大多数的情况下，人们并不是为了实用目的才去进行审美活动的。所以，我们认为美感具有非功利性的特点。中国的儒家美学十分强调审美的功利性，他们以"仁学"为其学说的核心。其目的在于恢复"礼"。孔子提出的"兴观群怨"的主张，既是对艺术特征的认识，也是对艺术功用的强调。贺拉斯的"寓教于乐"就是这种观点的直接说明，狄得罗、普列汉诺夫都十分强调审美的功利性。但是，在审美活动中，如果每个人在审美活动中都是带着直接的功利去观照对象，无疑会破坏审美。人们陶醉于山水，怡情于艺术，很明显是想获得心灵的满足。这表明，在审美感受具有个人的非功利性的背后，蕴藏着比个人的功利目的更为广泛和深刻的社会意义和社会内容。

3. 美感的愉悦性

人们在审美活动中面对审美对象，总是要表现出一定的喜、怒、爱、憎的情感，并上升为精神的愉悦，形成特定的审美感受，即美感的愉悦性。刘勰在《文心雕龙》中说："春秋代序，阴阳惨舒。物色之动，心亦摇焉。"它从主客体交融过程的角度，阐发了审美主体的情感活动的意义及对审美对象有依赖作用。情感是人们对客观事物的情绪反应，但并不是任何情绪反应都是审美情感，后者主要表现为精神的愉悦，它贯穿在审美主体的心理活动的全过程之中。就是说，在感知、想象、体验与认识等主要心理因素的整个过程中，情感是贯穿始终的，并以情感为联结点，将这些心理因素有机地组合起来，形成自由而统一的活动。美感的情感特征主要以两种方式体现出来：一是悠然、怡悦，是平和、安静的情感反应。二是惊心动魄。它会使我们的心灵震撼，是审美情感的高峰体验。美感的愉悦性是快感和实用感升华而成的一种高级情感形态。因为人是有感情的，离开人的感情，美感就不存在，但不是人随意地情感宣泄，是人的精神上的愉悦；再就是美的对象是作为社会实践的产物，是合规律性与合目的性的统一，它脱离了原始性的实用性和单纯的实用快感，也是上升为一种心灵性的满足，并由此达到了审美愉悦。

第三节　美的范畴

一般来说，美的范畴划分为优美、崇高、悲剧、喜剧等四大类。研究美的范畴，是美育教学的基本任务之一。它有助于我们更加具体、更加深入地了解和掌握美和审美的本质及其特征，更加自觉地进行美的欣赏、美的创造和审美教育活动。

一、优美与崇高

优美与崇高是美的两种不同的表现形态。优美，也称秀美，诸如清秀、柔媚、飘逸、淡雅、绮丽、精巧、幽静等一类的美。优美是美的一般表现形态，最早被人们认识和把握。人们通常所说的狭义的美，其实指的就是优美。这是一种优雅的美、柔性的美，我国古代称为阴柔之美。崇高，也称壮美，诸如宏伟、壮阔、雄浑、豪放、刚健、热烈等一类的美。这是一种雄壮的美、刚性的美，我国古代称为阳刚之美。

（一）优美与崇高的审美特性

优美的基本特性就是和谐。"美在于和谐"，这是人们最初对美的认识，这个美，就是优美。优美的特性之所以是和谐，就是因为主客体的矛盾没有表现为激烈的抗争，而是处于一种统一、平衡、和谐的状态。如风和日丽、鸟语花香、莺歌燕舞、山明水秀的自然景色，这些境界就是优美。杜甫的诗句："细雨鱼儿出，微风燕子斜"。韩愈咏桂林山水的诗："江作清罗带，山如碧玉簪"。用"碧玉簪"和"青罗带"来形容桂林山水，是最贴切、最形象不过的了。和谐也体现在社会生活之中，如把低矮、破旧、拥挤的棚户区，改造成错落有致的现代化的城市小区；把臭气熏天的垃圾场，改造成雅致的街心公园，那种安定、祥和、幸福的社会生活，也会给人以优美的感觉。优美还体现在艺术作品中。在我国古代的雕塑中，如汉代舞俑，充分表现了舞女长袖善舞、美丽动人的形象；现代舞蹈家杨丽萍表演的《孔雀舞》，那种戏水、展翅、沐浴等动作，达到了惟妙惟肖、活灵活现的地步；西方文艺复兴时期的艺术大师达·芬奇创作的油画《蒙娜丽莎》，那种迷人的微笑和优雅的神态，令人看后心境平和、赏心悦目。

崇高的基本特性是严峻的冲突。美处于主客体的矛盾激化中，崇高具有一种压倒一切的强大力量，是一种不可阻遏的强劲气势。它往往表现为一种粗犷、豪放、激荡、刚健、庄严、雄伟、悲壮的特征，给人以惊心动魄的审美感受。车尔尼雪夫斯基曾经说过："美感的主要特征是一种赏心悦目的快感，但是我们都知道，伟大在我们心中所产生的感觉的特点完全不是这样。静观伟大之时，我们所感觉的或者是畏惧，或者是惊叹，或者是对自己力量和人的尊严的自豪感，或者是拜倒于伟大之前，承认自己的渺小和脆弱。"自然界中的崇高，往往表现为客体对象所具有的、作为个体的人暂时还无法驾驭的力量。如对于奔腾、咆哮的大海，高耸入云的峭壁，笼罩四野的苍穹，雷电交加的夜空，狂卷一切的飓风等，作为个体的人还暂时无法驾驭它、驯服它，往往产生一种畏惧感、折服感。在社会生活中，崇高通过严峻的阶级斗争、艰苦卓绝的伟大实践，展示出人征服自然、改造社会的巨大能量。由于斗争的严峻和艰苦，在矛盾的激化中显示出人的本质力量和英雄人物的英雄气概。在革命战争中，无数革命先烈抛头颅、洒热血，他们大义凛然、宁死不屈；在当代社会中，数十万军民携手抗洪抢险，在邪恶面前见义勇为，为保卫国家的财产挺身而出；在古代雄伟的建筑艺术中，如万里长城，中世纪的大教堂、罗马斗兽场、埃及的金字塔等，都以雄伟、壮观的雄姿气势展现在人们面前。

（二）优美与崇高的表现形式

为了进一步认识优美与崇高的基本特性，我们有必要分析一下优美与崇高的主要表现形式。

从量的方面来分析，优美小，而崇高大。

就一般来说（当然，特殊情况及个例除外），优美的事物形体轻巧、精致、典雅，力量较小。例如，潺潺的流水，一抹淡淡的云霞，微风拂动的柳枝，婉转鸣叫的燕雀，含苞欲放的花蕾，等等。而崇高的事物则形体巨大、力量强大。如耸入云天的珠穆朗玛峰，奔腾咆哮的黄河，绵延万里的长城，浩瀚无垠的苍穹等。这里所说的形体巨大，是就同类事物而言的，如搏击长空的雄鹰、威猛无比的雄狮等，也表现为崇高。还有一种情况，即崇高并不表现在形体巨大上，而是表现在力量上，如坚强不屈的气节、坚忍不拔的意志、舍生忘死的英雄气概等。

从具体形式来分析，优美；柔和，崇高；粗犷、奇特。

一般而言，优美的事物表现为对称、均衡，匀称、韵律协调、曲线优美，多呈圆形、椭圆形，颜色鲜明而不强烈，音调和谐而不亢奋和低沉。如婀娜多姿的椰林，玲珑剔透的美玉，体形娇美的少女，等等。而崇高的事物则不同，它无规律、无限制，表面粗犷、怪异，多为直线、折线，常常违背对称、均衡、匀称、节奏、和谐等形式美的规则。各个方面很不协调，突兀、奇特，令人震撼、激荡，甚至令人惊骇、畏惧。如挺拔、峥嵘的峭壁，盘根错节的古松，刚健、豪放的壮士，等等。

从存在的状态看，优美表现为静态美，崇高表现为动态美。

优美的事物体现的是主体和客体双方的矛盾处在一种相对平衡、统一、和谐中，基调是平稳和协调；总体上趋向于静的特点，是一种以神采、气韵见长的静态美、阴柔美。如微风轻拂的柳园，清静、温柔的月夜，海浪轻拍的沙滩，祥和、幸福的社会生活等，无不体现着优美的景象。所谓静态的美，都是相对而言的，并不是绝对的静止，因为世界上所有的事物都处在绝对的运动之中。即使是微风轻拂杨柳，微风和杨柳也是运动的；清静、温柔的月夜，月亮也在做着相对运动。所谓静态的美，主要是指主体与客体之间的矛盾，没有处在激烈的冲突状态，而是处在相对静止之中。崇高则体现了主客体之间的尖锐对立和激烈冲突，因此充满着动荡和斗争，本质上趋向于动的特点，是一种以力量、气势取胜的阳刚之美、动态之美。如气势宏伟的黄河壶口、风雪弥漫的珠穆朗玛峰、撼人心魄的长空雷电，激越、高亢的交响乐曲等，都属于动态的崇高美。优美与崇高在审美中的作用是比较明显的，经常欣赏优美，可以使人品性高洁、风度优雅、感情细腻、热爱人类、热爱大自然；经常受到美好事物的熏陶，可以使人的生活充满乐趣，心境平和、心理平衡，有益于身心健康。经常欣赏崇高，可以给人以鼓舞、给人以力量，使人心胸开阔、情操高尚；经常受到崇高的熏陶，可以振奋人的精神、调节人的情感，使人消除郁闷和忧伤，为生活增添欢乐。

二、悲剧

悲剧是一个美学范畴，在审美中有着重要的地位。悲剧广泛地存在于社会生活和文艺作品之中。研究悲剧，有着十分重要的美学价值。

（一）悲剧的本质

悲剧分为广义和狭义两种。广义的悲剧，含义广泛，凡是在日常生活中发生的痛苦的人物和事件，不论是出于何种原因造成的，都可称为广义的悲剧，像生老病死、自然灾祸、自杀身亡等；但这类所谓的悲剧都不具备历史的和时代的矛盾冲突的客观必然性，没有现实意义，因而，都不能作为美学意义上的悲剧。别林斯基说："偶然的事件，例如一个人出其不意的死亡，或者其他未预料到的与作品主要思想没有直接关系的情况，都不能在悲剧中占有地位。"

美学范畴的悲剧是指狭义的悲剧。具体来说，凡是具有美学的社会意义的悲剧现象、事件和人物，才能构成美学范畴的悲剧。这种悲剧，在本质上与崇高相通，或者相似；它尽管给人带来无限的悲痛和哀伤，但人们却能从中化悲痛为力量，振奋精神、激励斗志，陶冶情操、净化思想，给人以悲壮的审美体验。恩格斯曾经给悲剧下过一个科学的定义，他说，悲剧是"历史的必然要求和这个要求的实际上不可能实现之间的悲剧性冲突"。这说明，悲剧的本质就在于客观现实中的悲剧性的矛盾冲突，这种冲突有其客观的历史必然性。

（二）悲剧的特征

悲剧冲突是特定历史条件下社会矛盾的反映。任何悲剧冲突都应该放在一定历史背景下进行分析，都有其社会的、历史的根源。有些人把悲剧的原因归结为"命运"，或是人物的性格，或是某种过失。其实，这只是看到了事物的表面或直接的原因，而没有揭示出悲剧的历史必然性。如巴金的小说《家》，表面上看是主要人物之间的性格悲剧或命运悲剧，其实是封建礼教与民主自由的深层次矛盾的激烈冲突。

悲剧人物的性格必须具有某些正面素质。鲁迅先生曾说："悲剧将人生有价值的东西毁灭给人看。"这里所谓有价值的东西，就是指悲剧人物在与恶势力的斗争中所表现出来的美好的理想、愿望和要求；这些美的素质，与社会的历史发展进程相一致，一旦遭受毁灭，给人看了，往往产生悲剧效果。

《红楼梦》中宝玉、黛玉爱情的悲剧，表现了他们为了追求婚姻的自由与封建势力的对抗，两个小人物为争取婚姻自由付出了痛苦的代价。

悲剧人物的结局必须具有历史必然性。这里所说的历史必然性，是指悲剧矛盾双方发生的矛盾冲突是历史的必然所导致的。也就是说，悲剧人物的不幸，必然是在特定的历史条件下因社会的旧势力而造成的，在一定程度上揭示了社会生活的真实和本质。比如，我们看电影《泰坦尼克号》，船撞冰山，人船俱毁，堪称悲剧；但由于它不具有必然的斗争与冲突，并不具有真正悲剧的性质，因而激不起真正悲剧的崇高之情。

（三）悲剧的类型

悲剧的本质在于悲剧的矛盾冲突，但由于矛盾的性质不同，悲剧的类型也不尽相同。悲剧的类型主要有以下几种：

1. 体现进步力量和英雄人物的悲剧

这是属于革命的悲剧。一般来说，革命的力量在产生时还不够强大，往往容易遭受反动势力的摧残，形成恶压倒善、丑压倒美的悲剧。如夏明翰烈士在牺牲前，慷慨赋诗："砍头不要紧，只要主义真。杀了夏明翰，还有后来人。"表现了革命者的大无畏英雄气概。

2. 私有制条件下普通人民的不幸与苦难

在私有制条件下，劳动人民对于生产劳动的正当要求无法得到实现。例如，祥林嫂就是封建制度下千百万劳动妇女的典型。祥林嫂具有勤劳而善良的美好品质，她并不属于悲剧中的英雄，自觉地去为改变旧制度而斗争；但是她希望有正常的生活、劳动的权利，但这在旧社会政权、神权、族权、夫权的统治下是无法实现的。她的不幸、苦难和死亡，是与旧制度紧密相关的。在旧社会，这种悲剧性的人物是普遍存在的。

3. 旧事物、旧制度的悲剧

这主要是在一定的历史阶段，曾经是先进的、合理的社会力量、社会制度，开始转化为旧的力量，而与社会历史进程相矛盾；但是，它又没有完全丧失自己存在的合理性，因而，它的代表人物的失败或毁灭，也有一定的悲剧性。它之所以还有一定的悲剧性，是因为代表毁灭的悲剧人物在为争取自己的合理性而斗争，如电影《林家铺子》中的林老板，就是为了自己的生存而斗争的悲剧性人物。

三、喜剧

喜剧是与悲剧相对应的一种美学形态，它不仅存在于戏剧之中，而且还大量存在于小说、诗歌、绘画、相声、小品、音乐、舞蹈等多种艺术形式之中，特别是广泛地存在于历史和现实的社会生活之中。

（一）喜剧的本质

喜剧，顾名思义，就是使人发笑，但并不是任何可笑的事物都是喜剧。那种偶然性的、无意义的、低级趣味的或者是纯粹生理机制的笑，就不具备美学意义上的戏剧性。作为审美意义上的戏剧，是以笑为方式，否定、嘲讽假、恶、丑，肯定、赞扬真、善、美。关于喜剧的本质，历史上的美学家做过多方面的探讨，有的说是期望与结局的矛盾，有的说是客观事物的外部表现形式与内在的矛盾。这些观点，虽然都有其合理成分，但都没有揭示出喜剧的科学本质。马克思主义是将喜剧奠定在现实的社会矛盾冲突之上的。马克思认为，喜剧的本质是两种新旧社会力量的冲突，其结果不是新事物的毁灭，而是旧事物的否定。马克思说："历史不断前进，经过许多阶段才把陈旧的生活形式送进坟墓，世界历史形式的最后一个阶段就是喜剧历史。为什么是这样的呢？这是为了人类能够愉快地和自己的过去诀别。"历史上的丑角装扮成时代的英雄，使内容与形式、内心与外表、本质与现象表现出极大的不协调，真与伪、善与恶、美与丑、崇高与卑贱之间显露出突出的矛盾，使人看到的是"毫无价值的东西""内在的空虚和无意义"，不禁令人发笑。这种笑，即是美对丑的否定、鞭挞和揭露。

（二）喜剧的特征

喜剧艺术的共同特征是"寓庄于谐"。这里所说的喜剧性艺术，不单是指戏剧中的喜剧，还包括带有喜剧性的漫画、相声、小品、讽刺诗，以及一部分民间笑话、机智故事等。"庄"是指作品的主题思想反映了深刻的社会内容；"谐"是指主题思想的表现形式是诙谐、可笑的。在喜剧中庄与谐处于辩证的统一。失去深刻的主题思想，喜剧就失去了灵魂；如果没有诙谐、可笑的形式，也就不成其为喜剧了。喜剧的笑，可抨击丑恶的事情，也可讴歌新的事物。在现实中喜剧的内容十分丰富，笑的性质也多种多样，它可以是愉快的、诚实的、善良的、真挚的、骄傲的等，这是赞美的笑；也有鄙夷的、嘲讽的、愤怒的等，这是讽刺、幽默的笑；还有抑郁、羞涩、含泪的笑，这是凄苦、悲哀的笑。这种种不同的笑，在现实和艺术中都不少见。就从凄苦、悲哀的笑来看，鲁迅在《祝福》中写新年快到了，柳妈一次取笑祥林嫂，祥林嫂反唇相讥后，自己不由自主地笑了。然而她"立即敛了笑容，旋转眼光，自己去看雪花"，形象地描写了祥林嫂一时忘了自己的苦痛，一旦想到自己的不幸，笑容立即消失，刹那恢复常态。这就是一种含泪的笑。再如诚实的、善良的、真挚的笑，这在现代的相声、小品中比较常见。

（三）喜剧的类型

以内容划分的喜剧的基本类型主要有两种：否定性的喜剧和肯定性的喜剧。

否定性喜剧的人物，从性格上看，其基本特点是丑陋的对象。内容的本质的丑，却要以美的形式出现，形成内容与形式的尖锐矛盾。本来是肮脏的灵魂，却要打扮成高尚、美好的模样，令人感到非常滑稽、可笑。如莫里哀写的《伪君子》中的达尔丢夫，通过这一形象，作家尖锐地揭露和嘲讽了宗教说教的虚伪性和欺骗性。

肯定性的喜剧的产生，要晚于否定性喜剧。它是用笑声来直接歌颂、赞美正面事物和肯定性的社会力量。它的喜剧效果，是通过正面事物非本质的"丑"，如奇特的外形、怪癖的言语、荒诞的举动等来产生的，在矛盾冲突中，往往寓庄于谐，妙趣横生，用智慧战胜邪恶，机智地渡过一个又一个难关，终于取得喜剧性的胜利。电影《七品芝麻官》，塑造了一个敢于抗暴、诙谐幽默的七品官唐知县的形象：他外形丑，但内心美，嬉笑怒骂皆成文章，他用智慧斗倒了显赫的权贵——诰命夫人。他的名言"当官不为民做主，不如回家卖红薯"已被广大群众广为流传。

以形式划分的基本类型有以下几种：

1. 滑稽

滑稽是喜剧的主要表现形式，也是喜剧艺术的基础和基本要素；在社会生活中，滑稽对象是与喜剧性矛盾冲突紧密相连的，它是丑或缺陷的自我暴露，主要表现特征为人的表里不符、名实不符、违背常理、自相矛盾的言行。由于滑稽对象的内在空虚和无价值，所以其表面的抗争往往表现为歪曲、夸张、荒唐、装腔作势、忸怩作态等形式。现实中的滑稽对象反映到艺术中，集中体现于喜剧艺术，也体现于漫画、相声、小品、文学等其他艺术中。

2. 幽默

幽默是指用含蓄、凝练、机智、风趣的方式，揭示生活中的矛盾和哲理，令人发出会心的微笑的喜剧形式。它的特点是内容与形式、本质与现象、目的与手段、动机与效果之间的冲突，不像滑稽那样尖锐、鲜明；而是比较深沉、幽雅，通过含蓄、曲折的形式，通过比喻、夸张、象征、寓意、双关等手法来褒贬是非。因此，它引起的笑有个思考、意会的过程，总是渐进、轻松、风趣的，有一定深度的笑，让人回味无穷。幽默也揭示人的缺点、弱点、不良习气等，但大都是善意的、友好的、温和的。如华君武的漫画《脸盆里学游泳》，批评一些同志理论脱离实际，画了某君一头栽进水里，双手在空中做蝶泳状，动作十分认真，令人啼笑皆非。

3. 讽刺

讽刺也是喜剧常见的表现形式。讽刺所反映的对象是社会生活中的否定现象。鲁迅说："喜剧将那无价值的撕破给人看。讥讽又不过是喜剧的变简的一支流。"讽刺侧重于对反面事物的揭露、批判和抨击，而不像滑稽和幽默还可用于对正面事物的赞颂。它的特点是以精练而夸张的艺术方式，对反面事物直接否定和嘲弄，一般比较辛辣、尖锐、严厉。

第四节　美的本质

一、美的本质——美学之谜

在《柏拉图文艺对话集》一书中，古希腊的哲学家柏拉图述说了这样一个故事：公元前 4 世纪，古希腊的哲学家苏格拉底向诡辩家希庇阿斯提出这样的问题："什么是美？"希庇阿斯很自负，认为这个问题微不足道，随口就给美下了一个定义："美就是一位漂亮的小姐。"苏格拉底马上发现对方犯了用个别代替一般的错误，就问他："那么，一匹漂亮的母马不也可以是美的吗？"希庇阿斯也承认，美是一匹漂亮的母马。接着，苏格拉底又问："一个漂亮的竖琴呢？美不美？一个汤罐呢？打磨得很光滑，做得很圆，烧得很透，有两个耳柄，能装 20 公升的水，这样的汤罐美不美呢？"希庇阿斯又不得不承认它们也都是美的。不过，他认为，这种美比不上一匹母马、一位年轻的小姐，或者其他真正美的东西。于是，苏格拉底说："对了，赫拉克里特说过，最美的猴子比起人来也还是丑的。那么，年轻的小姐比起神来呢，不也像汤罐比起年轻的小姐一样也是丑的吗？"希庇阿斯无可奈何了。但他又给美下了第二个定义："使每件东西恰当就是美。"苏格拉底又予以反驳，他认为，被装饰起来的外表美掩盖了实际的美，就掩盖了美的本质，就不能使人们理解到真正的美是什么。希庇阿斯又试图把美当作"有用的""有益的""有趣的"，想以此来说明美的本质，但终究无法自圆其说。最后，他不得不承认，经过这一番努力，收获了一个益处，那就是更清楚地了解一句谚语："美是难的。"

柏拉图是想通过这个故事，说明这样一个观点：现实中的美，都是既美又丑，无论漂亮的小姐、漂亮的母马，还是美的竖琴、美的汤罐，好像美也可以，丑也可以。所以，柏拉图认为，它们不是真正的美，不是"美本身"。柏拉图从客观精神中去寻找美的本质，认为"这美本身，加在任何一件事物上面，就使那件事物成其为美，不管它是一块石头、一块木头、一个人、一个神、一个动作，还是一门学问"。而现实中的美，他认为只是这"美本身"的一个虚幻的影子。在这里，柏拉图割裂和颠倒了个别和一般的关系，把具体事物的美硬说成是由"美本身"这个美的概念所创造的。其实，"美本身"这个概念，是从各种各样的具体的美的事物中概括出来的。

还有一个故事，说的是明朝学者王阳明。有一天，他与朋友外出游玩，郊野之外，繁花似锦。观赏之余，他的朋友指着山岩中的花树问，你说过，天下无心外之物，可是像这花树，在深山中自开自落，与我的心有什么关系呢？王阳明回答说，你未看到这花时，这花与你都同样是算作无形无声的；你来看这些花时，那么，这些颜色一时明白起来了，这就知道这些花不是在你的心外。王阳明是从主观精神中去寻找美的本质，他认为花树的美，是人们看到了花时才存在于人们的心中，也就是美依存在我的心中。

不管是柏拉图也好，还是王阳明也好，他们都是从精神上去探求美的本质，都是属于主观唯心主义的。他们在寻找美的本质问题上，总是和其他唯心主义者一样，把人的意识的某一方面，比如感觉、直觉、意志，甚至下意识等因素加以夸大，使其成为第一性的东西，然后再把它说成是美的本质。

在历史上，唯物主义者对美的本质也有多种多样的解释，他们力图从客观事物本身去寻找美的本质。如古希腊的哲学家亚里士多德，他认为美存在于事物的感性形式之中，一个美的事物不但各个部位应有一定的安排，而且它的体积也要适当。他举例说，一个非常小的东西就不能是美的，因为它会使我们感到模糊不清；一个特别大的东西也不行，如大到1000里那么长，那也不能让人看出它是一个完整的统一体。他主张，美在于事物的匀称、体积和安排。这是关于美的本质的一种朴素唯物主义的看法。

到了18世纪，英国的美学专家博克进一步肯定了美是事物本身的某种属性。他通过丰富的审美经验，归纳出美的形式特征是小的体积、光滑的表面、逐渐的变化、娇弱的身体、鲜明但并不刺眼的颜色等。这是博克在美学上的新贡献。但是，博克有关美的本质问题的叙述是缺乏社会内容的，他只是从生理学的角度去考察美。

与博克同时代的法国著名的哲学家狄德罗突破美的形式，提出了"美是关系"这一定义，力求揭示出美的社会内容。他认为，凡是能在人的意识中唤起关系概念的东西，就是客观存在的美。美是随着关系而开始、增长、变化、衰落和消失的。他没有机械地把美与事物的自然属性、自然形式等同起来，没有把美与人的社会关系分离开来，也没有把美与人的主观因素完全隔绝开来。他所提出的"美是关系"，兼顾了美的客观因素、主观因素、自然因素、社会因素等几个方面，并想从这几个因素的有机统一中去把握美的本质。但"美是关系"这个定义有一个致命的缺陷，就是各种因素缺乏清晰的科学认识。因为任何事物都在关系之中，但并不能说任何事物都是美的。

19世纪，俄国革命民主主义者车尔尼雪夫斯基提出了"美是生活"的定义，他认为，任何事物，凡是我们在那里看得见，依照我们的理解应当如何地生活或使我们想起生活的，那就是美的。在这里，他既肯定了美是一种客观存在，同时，又不否定人的主观因素在美的事物中的地位和作用。车尔尼雪夫斯基试图从人类的社会生活中去探索美的本质，比起前面的唯心主义美学家来，是一个进步。然而他关于"美"的定义还是不明确的。

概括以上的介绍，历史上唯心主义者和唯物主义者对美的本质的探索中，前者仅从主观上去寻找，后者仅从客观上去寻找，所以都没有一个圆满的结果。正如俄国作家列夫·托尔斯泰在《艺术论》中所说的："'美'这个词儿的意义在150年间经过成千的学者的讨论，竟仍然是一个谜。"但是无论是唯心主义者还是唯物主义者，无论是成功的还是失败的，他们的努力，都给我们探索美学之谜提供了极其宝贵的借鉴。

二、美起源于创造性的劳动

为了帮助我们了解美的起源，让我们先研究一下我们的祖先如何创造出"美"这个字。据《说文解字》说："美，甘也。从羊从大。羊在六畜主给膳。美与善同义。"也就是说"美"字是上面的"羊"和下面的"大"组成的。我们的祖先很早就懂得猎取羊和饲养羊。那时，羊肉、羊奶是他们的主食，羊皮可以御寒。羊作为当时生活资料的一个重要来源，当然越肥大，人们越喜欢，也就越觉得美。"美与善同义"，很清楚地说明美的事物最初是与实用相联系的。

对于"美"字的解释，也有人认为是由上面的"羊"和下面的"人"组成的（"美"字下边的"大"字，像一个正面站立的人，摊开双手、叉开两腿）。这个"美"字像一个人身披羊皮，头戴羊头或羊角，含有美观的意义。"羊人为美"的看法也有一定的道理。在石器时代的洞穴壁画中，曾发现过披着兽皮，模仿野兽举行跳舞或仪式的图像。这说明，远古时代人们确实是把他们所猎取的动物戴在头上手舞足蹈，认为这是"美"的。

对于美学的含义以及美学在历史上的演变，这些解释并非十分科学，我们可留待今后进一步探索研究。但不管"羊大为美"还是"羊人为美"都形象地说明了美的起源是与人类的生产实践活动密切联系在一起的。

马克思主义认为，劳动创造了人，同样，劳动也创造了美。人是社会的动物，但是，人不同于一般动物的物种特征是，人的活动是自由的、有意识的活动。动物的活动是本能的、无意识的，它不能创造出美。关于这一点，马克思举了一个很形象的例子："蜘蛛的活动与织工的活动相似，蜜蜂建筑蜂房的本领使人间的许多建筑师感到惭愧。但是，最蹩脚的建筑师从一开始就比最灵巧的蜜蜂高明的地方，是他用蜂蜡建筑蜂房以前，已经在自己的头脑中把它建成了。劳动过程结束时得到的结果，在这个过程开始时就已经在劳动者的表象中存在着，即已经观念地存在着。"在这里，马克思指出，人与动物最根本的区别在于人的实践活动是自由的、有意识的活动。这种自由的、有意识的活动，就是马克思所说的"人的本质力量"。人类是按照预先想好的蓝图去改造世界的。

人在建造房子以前，房子的形状、材料、色彩都可以在自己的头脑中存在着。炎热地带的人想到要通风透气，就把房子建得轻巧些；寒冷地带，人们预先想到要防寒，就将房子建得坚实严密些；多雨地区，为了防雨，人们将房顶建成陡峭的，底层空敞的；干旱地区，人们想到要防暑，则常用平顶和地下室的设计。木结构的建筑常用坡形厚顶，有些还建成高耸的阁楼，有些则建成粉角飞檐的曲线屋顶；砖石结构的建筑就常建成半圆拱形或尖拱形等。这些不同的结构和风格，不仅是为了居住的方便，同时也具有欣赏的价值。这说明人类的创造性劳动，一方面创造了自己的生活所需要的物质产品，另一方面则在这些产品上打上了人的本质力量的印记，也就是创造了美。

人类在劳动中还创造了对美的需要。在参观出土的历史文物时会发现，旧石器时代早期所制作的石器，粗糙简陋，尚无定型；到了旧石器时代中期，石器的外形就显得匀称、整齐，并刻画上图画，这说明原始人并不是一开始就有审美观念的，人类在生产力极其低下的情况下，人们在满足了物质需要的目的之后，才开始追求精神上的愉悦，才产生美的需要。

人类如何通过劳动实践产生美的需要的呢？有这样的例子，非洲某原始部落，它们虽然处在遍地鲜花的地方，但他们从不在身上插上一朵花，而只是热衷于用野兽的皮、爪、牙齿、角以及鸟的羽毛来装饰自己。在他们的山洞壁画中，也是绘画着野牛、鹿、野马、野猪以及其他的猎物，根本没有植物花卉的影子。这是什么原因呢？原来该部落还处于狩猎生产的阶段，这里的人熟悉、了解和欣赏各种猛兽和飞鸟，只有勇敢机智的人才能捕捉到凶猛的野兽和飞鸟。所以，野兽的皮、爪、牙齿、角以及鸟的羽毛，不仅仅是装饰品，而且是猎手勇敢、机智、有力的标记。这些装饰品在人类社会生活中，同人类活动形成了紧密的联系，打上了人类创造性实践活动的印记，也即是显示出狩猎生产阶段人的本质力量：该部落的人欣赏这些东西的美，其实就是对人类显示出来的自身的本质力量的赞赏。其他的艺术美也是这样，如我国青海大通县出土的新石器时代的舞蹈纹陶盆上，生动地描绘了我们祖先狩猎归来的群舞图案。图案中，跳舞人的头上有下垂的发辫或饰物，身后拖着一条小尾巴，装饰成鸟兽的模样。他们手拉着手，载歌载舞，兴高采烈。这热烈的场面，反映了人类在劳动实践之后，产生了重新体验一下劳动中使用力气时的快乐的冲动的需要。正是这种需要，推动了原始人类走上艺术创造的道路，从而创造了美。

也许，有人会提出，如果劳动创造了美，那么自然美，特别是那些没有经过人类的实践改造过的自然美，难道也是劳动创造出来的吗？其实，关于自然美问题，一向争论比较大。这种争论，实际上是关于美的本质问题争论的继续。争论的焦点是：美是客观的，还是主观的？美是社会现象，还是自然现象？不同观点的人，对自然美有不同的看法。

我们认为，自然美可以分为两部分。一部分是经过人类的实践改造过的，或某些性质已经为人类所利用的，比如园林风光、拦河大坝等。这些经过改造的自然景色，都在一定程度上和人类的实践活动联系着，它们显示了人的本质力量。这一类自然美是劳动创造的，这是容易理解的。另一部分，是从未经过实践改造利用的，它们对于人类还只是作为一种观看对象，比如茫茫的宇宙、无垠的沙漠、湛蓝的大海等。它们的美与劳动有什么关系呢？就拿宇宙来说吧，它辽阔无边、丰富多彩。在《宇宙里有什么》这篇文章里，作者抓住个别恒星和恒星系做例子，表明宇宙之大、宇宙之奇、宇宙之美。宇宙里有千千万万个像银河星系一样的恒星系。今天，我们要充分认识这茫茫的宇宙是不可能的，人类实践力量还不可能达到这个领域。但人类却能意识到它，科学家、天文学家在研究它、探索它，艺术家、作家又可把它当作艺术描写对象。民间故事《牛郎织女》就是把银河作为艺术对象进行描写的。艺术家、作家对自然界的这种描写，实际是实践改造大自然的一种准备。如《牛郎织女》中的"鹊桥相会"的描写，不正是反映了人类改造宇宙、占有宇宙所做的一种"准备"吗？假如我们承认了这一点，那么，未经改造的自然物，也同样是人类实践活动的对象，不过是作为"准备"的对象而已。

宇宙是无限的，人类实践的能力，在某一代人里是有限的，但在整个人类世代相传的长河中，又是无穷无尽的。我国的古代人民幻想登月，创作了《嫦娥奔月》的民间故事。随着科学的发展，今天登月已成为现实。那么，艺术家创造了人类制造机器人远征宇宙的故事，现在被当作科学幻想。但谁能怀疑，再经过几代人的努力，这个幻想不会成为现实呢！对个人来说，实践是有限的，但对整个人类来说，实践却是无限的，这使人类可以把整个客观世界都作为自己改造的对象。人类可以在已经被实践改造过的客观世界中看到自己的本质力量，因而看到了美；同样的道理，人类也可以在未被改造的客观世界中，设计出自己的蓝图，看出实践的伟大任务，因而也同样地看到美。在这里，人类所设计的蓝图和实践的任务，体现了历史发展的必然要求，并非是一种主观随意的空想。因此，我们说，美起源于人类的创造性劳动。

三、美是"人的本质力量的对象化"

美可以分为自然美、社会美和艺术美。那么，隐藏在这些美的现象的背后，并决定这些现象之所以美的本质的东西是什么呢？马克思在《1844年经济学哲学手稿》一书中说，美是"人的本质力量的对象化"。如何理解马克思对美所下的定义呢？让我们看看哲学家黑格尔在《美学》中所举的例子吧："一个小男孩把石头抛在河里，以惊奇的神色去看水中所现的圆圈，觉得这是一个作品，在这个作品中他看出他自己活动的结果。"黑格尔利用这个例子说明人类对自己所创造的作品的欣赏，是因为从作品中"看出他自己活动的结果"。马克思曾引用黑格尔这个例子，进一步说明人通过社会实践改造世界、改造自己，在所创造的对象世界中熔铸了自己的生命、理想、智慧、意志和创造力。也即是从劳动对象中显示了人的自由创造力，显示出人的本质力量，从而感到了愉悦，使客观世界具有审美价值。人们之所以欣赏自然美、社会美以及艺术美，归根到底就在于从这些客观对象中，可以看到人类自身自由的，有意识地进行创造活动，从而引起愉悦的感情。

美与人是密切联系在一起的。社会美本来就是人类社会生活中的一种积极因素，艺术美本身就是人类智慧的结晶，自然美也同样与人有着密切的联系。在人类社会出现以前，或者说，在社会化的人类出现以前，那时的自然现象仅仅是客观地存在着，但并不存在着美与不美的问题。也就是说，没有人，自然形象仅是客观存在着的美的一个条件，并不表示已经存在着美。即使有了人类，在远古时代，人类对于大自然不但不会认为是美的，甚至感到是恐惧的。唐代王维《使至塞上》诗云："大漠孤烟直，长河落日圆。"意思是说，在辽阔的大沙漠中，旋风卷起尘沙，像大柱子一样直竖着；在傍晚时分，夕阳从浩瀚的黄河波面上慢慢地下沉，显得特别的圆。这两句诗所描写的自然景观，构成了非常壮阔的画面，使人感到雄壮的美。可是，在生产力极其低下的远古时代，人们对于暴烈的风沙和汹涌的河水是十分恐惧的，绝没有什么雄壮美的感觉。在距王维1000多年前的战国时期，魏国邺这个地方有为河伯娶媳的风俗。人们对于河水泛滥没有科学的认识，以为是河伯发怒，放水淹没无辜的村庄，他们就每年选一位姑娘送给河伯做媳妇。后来西门豹到邺地当县令，他知道当地人民的疾苦，革除了这种丑恶的风俗，并发动全县人民开了12道沟渠，把河水引来灌溉农田，化害为利。这个故事在《水经注·浊漳水》和《史记·滑稽列传·西门豹传》中都有记载。它很清楚地说明，在上古时代，人类对于滔滔的河水是恐惧的，在他们的眼里并不是美的。随着人类对自然的逐步认识和改造，经过舜的治水、禹的治水、西门豹的治水、李冰的治水等世世代代的努力，人类开始征服了河水，河水与人的关系逐步发生了变化。人类面前原本对立、陌生的自然界，进入了人类社会生活，成为人类精神世界的有机组成部分。殷红的夕阳、滔滔的河水，凝聚着人的情感，这就是马克思所说的"自然的人化"。"长河落日圆"也就成了人们欣赏的客观对象。

人类改造了客观世界，同时也改造了自己。人类在创造劳动产品过程中，把自己的本质力量，即有意识、有目的的实践活动直接熔铸在劳动对象中，使劳动产品成为人的对象而存在。这样，自然也不再是纯自然的了，自然带有人的情感。人们在自己自由地、有意识地创造的黄河面前，看到自己征服黄河的创造能力、智慧、思想、品格、感情，从而"在他所创造的世界中直观自身"使感情获得满足，引起喜悦之情。这就是马克思所说的"人的本质力量对象化"。也就是说，当人们在实践的对象上肯定了自己的力量，在他所创造的世界中直观自身的时候，他不能不感到一种自由创造的喜悦。如广州海印大桥凌空跨越珠江两岸，以其雄伟精致的造型使人们赞叹不已。人们为什么赞美海印大桥呢？因为海印大桥的美显示了人类改造自然、征服自然的伟力与智慧。在这里，人们欣赏、赞美海印大桥，实际上是在欣赏和赞美人类自身的本质力量。

人类的实践活动，并不限于生产劳动，人类不仅在与自然界作斗争中，在劳动的产品上创造美，而且也在艺术活动中创造美。所以，那些能够体现着社会进步理想的人物、事件、场景，反映出先进的力量和生活内容的感性形象，都是属于"美"的。概括地说，美的事物是与这个事物的形状、颜色等具体形象分不开的；同时，事物的美还在于它所包含的社会生活的内容，尽管这种内容已不必是欣赏者"有意识地"想到的。

那么，什么是美？我们可以这样回答：美，就是当客观事物以它的感性形象，以它与人的感觉相适应的形式表现出来，并表现了人的实践创造的智慧和力量，表现了社会实践的进步内容和理想，从而引起人们喜爱和愉悦的人类生活实践的结果。也即是说，美就是"人的本质力量的具象化"。

第五节 美的特征

世界上的事物和现象，因其本质决定其具有各自不同的特点。美这一社会现象也不例外。美的特征主要表现在形象性、感染性、社会性、相对性和绝对性几个方面。

一、形象性

所谓形象性，是说美具有一种能以其具体的感性形象为人们的感官所感知的特性，无论是自然美、艺术美，还是社会美，它们都通过各自生动的、具体的外在形式表现出来，被人们的感官直接感受到，成为审美的对象。

自然美的形象性是显而易见的。如我们到公园里欣赏盛开的牡丹，那鲜艳的色彩、雍容华贵的姿态，光彩照人，动人心魄，使人感到非常的美丽。初春时节，柳枝吐新，春风和煦，阳光明媚，人们到野外踏青，会感到心旷神怡，感受到大自然的美。

自然美寓于形象性，艺术美就更富于形象性了。苏轼在《饮湖上初晴后雨》诗中写道："水光潋滟晴方好，山色空蒙雨亦奇。欲把西湖比西子，淡妆浓抹总相宜。"这首诗就因它的形象清新、优美而得到人们的称赞。当风和日丽之时，碧波千顷，涟漪不惊，红日朗照，粼光耀金，是浓艳华丽的美；而阴雨连绵之时，群山起伏，一抹浅黛雨帘重裹，影影绰绰，又是一种淡雅素净的美了。在现实生活中，优秀艺术作品往往以它鲜明、生动、具体的形象而得到人们的赞誉。

心灵、精神、性格、道德、情操之类的美似乎看不见、摸不着，是无形的。但这类美也有它们的表现形态，这就是通过人们的言语行动等体现出来。

综上所述，世界上任何类别的美，都有其表现形态，美总是存在于感性形式之中，离开其感性形式，对美就难以认识，人们正是通过欣赏鲜明生动的形象来从事审美活动，并在此基础上使思想情感受到影响。

美离不开一定的形象，但我们不能把美仅仅看成是一个纯粹的形式问题，内容决定形式，形式表现内容，美是内容和形式的统一，美的形象性是在这种统一中表现出来的。

二、感染性

所谓感染性，是指美具有一种感染人、愉悦人、令人喜爱的特性。美的感染性是一种强烈的感人肺腑的力量，人们面对美的具体形象，就产生一种难以言说的喜悦，使人们得到很大的满足。正如车尔尼雪夫斯基所说："美的事物在人心中所唤起的感觉，是类似我们当着亲爱的人面前时洋溢于我们心中的那种愉悦，我们无私地爱美，我们欣赏它、喜欢它，如同喜欢我们亲爱的人一样。由此可知，美包含着一种可爱的，为我们的心所宝贵的东西。"

美的效用不是好吃、好穿，也不是从生理上给人以快感和满足，而是从精神上愉悦人、感染人。它的感染作用表现在能陶冶人的情操，鼓励人的情感、启迪人的思想，引起人的爱慕和追求，使人精神振奋、心情舒畅，甚至陶醉其中。有这样一个故事，有一次，德国音乐家梅亚贝尔和夫人发生口角，两人都怒气冲冲。梅亚贝尔强忍怒气，坐到钢琴前弹起了肖邦的《夜曲》，优美的旋律顿时吸引了他们，引起他们对青年时代倾心相爱的甜蜜的回忆，于是两人忘记了刚刚发生的不愉快，很快和好如初。

美的事物之所以具有感染力，使人们欣赏后回味无穷，其主要原因在于它的内容。换句话说，美的事物体现了人的本质力量，显示了人们在社会实践中进行自由创造的生活。正如前面所述，美是人的本质力量的对象化，从美的事物现象上面可以看到人们改造自然的过程，看到人类丰富多彩的生活，看到人类的智慧、才能。总而言之，它能把人们的社会实践内容体现出来。作为具体自我意识的族类，对这样的事物和现象，总是怀有爱恋之情。可见，美的事物以其感性形态显示出来的人的本质力量，是形成美的感染性的基础。

我们知道，任何事物都是内容和形式的统一，美也一样，没有美的内容，美的形式就没有存在的价值；但没有具体的感性形象，美的内容就失去了感染人、打动人的力量。因此，一个事物是否能感染人、愉悦人，既取决于它是否体现了人的本质力量，也取决于它体现人的本质力量的感性形式如何。如我们感到五星红旗是很美的，这固然与它的内容有关，即它是用烈士的鲜血染成的，它象征着自由、解放，是我们国家尊严和民族团结的标志；同时，这与它美的色彩和图案是分不开的，正因为具有这样美的外在形式，才使五星红旗具有了很强的感染力，使每一个中国人看到它都感到无比骄傲。

三、社会性

所谓社会性，指美是一种社会现象，具有社会的属性。美的社会特征主要表现在两个方面。

首先，美只能存在于人类社会生活中。如前所述，美根源于人类社会实践活动，它离不开人类社会，它随着人的本质力量的形成和发展而不断地变化。美虽然可以离开欣赏者的感受而独立存在，却不能离开人、离开人类社会而存在。譬如自然界的太阳、月亮，只是一堆炎热的物质和一堆冰冷的物质而已，根本无美丑而言。随着人类社会的出现和发展，它们才和人类发生联系，建立起了审美关系。人们在社会生活中逐步体会到太阳能给人类带来光明和温暖，离开太阳人类就无法生存，人们才感到太阳是美的。

其次，美带有社会功利性。美的功利表现在普遍的社会效用上。人类之所以需要美、向往美、追求美、创造美，就因为它对人类有用。虽然美的有用性与事物的经济实用密切联系，但主要体现在人的精神方面，电影、戏剧、音乐、舞蹈、小说、诗歌……一切文学艺术的美是为了满足人们精神上的需要；黄山、庐山、泰山、华山……这些风景胜地的自然美，是为了给人们带来精神上的享受。概括地说，美的社会效用，主要体现为它能丰富人的精神生活，陶冶人的情操，愉悦人们的心情，启发人们的思想，使人们的视野更加开阔，精神更加振奋，品格更加高尚。

四、美的相对性和绝对性

马克思主义认为，世界上任何事物，是在与其他事物相互联系、相互作用中存在、发展的，离开这种关系而孤立发展的事物是不存在的。同样的道理，美与周围事物之间也存在着各种各样的关系，美的事物的变化发展除取决于自身内在矛盾运动状况外，还要受它与其他事物之间复杂关系的影响。换句话说，随着关系的改变，对象的审美属性也将改变，因此，美具有相对性。

在历史发展长河中，美具有相对性的特点表现得非常明显。随着社会和时代的变化，美呈现出种种不同的状况，某些事物对一个时代是美的，对另一个时代就不一定美了。如过去非洲一些原始部落的妇女很喜欢在手上、脚上戴上一种铁环子装饰自己，富人的妻子脚上戴的铁环可重达 16 公斤以上，连走路都步履蹒跚，可她们却觉得很美。因为这些部落还处在"铁世纪"，铁对他们来说是重要的金属，是社会财富的象征，谁的铁环越重，谁就越尊贵，因而就越美。而社会发展到今天，人们不会以此为美。此外，美的相对性与所处环境也有关系，同一美的事物，由于具体环境不同，审美效果就不一样。

美除了具有相对性特点外，还具有绝对性特征。美的绝对性首先表现在美的事物有其自身的质的规定性，也就是说一个事物是不是具有美的属性，关键在于它是否符合美的规律。其次，美是客观的，它不依赖于审美主体的主观愿望而独立存在。尽管人们对同一事物评价不同，但美总是客观存在着，人们不能消灭它、否认它。例如，罗马神话中爱与美的女神维纳斯的塑像，是公元前 4 世纪希腊著名的雕刻家阿海山纳用大理石雕成的艺术珍品，虽然在以后争夺保存权的斗争中被摔断双臂，但至今仍被人们誉为美的化身，并且也决不会因某人说她不美而否定了她的美。

虽然绝对性和相对性是美的两种不同的属性和方面，但它们之间并没有固定不变的界限。美是相对性和绝对性的统一，这种统一具体表现在以下两方面：

第一，美的相对性和绝对性是相互渗透的。从一个方面看，相对之中有绝对，美的绝对性寓于相对性之中，任何美的相对性之中都包含着绝对性的颗粒。具有美的事物，尽管受其时代、环境的影响，有明显的相对性，但它本身必然蕴含着绝对性的因素，并在事物的审美价值的变化中起作用。从另一个方面看，美的绝对性必须通过相对性表现出来，脱离美的相对性而单独存在的绝对性实际上是不存在的。

第二，无数相对美之和，构成了事物的绝对美。如同其他事物一样，美也是一个过程，它永远处在由相对到绝对的发展中。在一定的历史阶段由具体事物体现出来的美，具有相对性，但这种具体事物的美，又是绝对美这条"长河"中的一个成分，是绝对美发展过程中的一个重要环节，无数相对美之和就是绝对美。

第六节　美的形式

美的事物多姿多彩、形象万千。千变万化的美，包含着丰富的社会内容，具有不同类型的魅力。由于美有着具体物质形式的客观形象，它才是可以用感官直接感知的；由于美蕴含着丰厚的社会内容，它才是动人的、耐人寻味的。所谓美的内容，就是通过感性形式显示人的本质力量；所谓美的形式，就是显示人的本质力量的外在形态。美就是内容和形式的有机统一，使人的本质力量的感性显现。

在甘肃武威出土的古铜雕塑《马踏飞燕》，是一匹飞奔的骏马踏着飞燕的雕像。为了突出骏马奔跑的速度，塑像利用奔马踏飞燕的姿势，在构图上以马身为直线，从马头和马尾两个点分别与踏飞燕的马蹄的点构成一个倒立的三角形。这种不稳定的造型给人以强烈的速度感，再加上踏飞燕的形象传神地表现了骏马飞奔速度超过飞翔的燕子的内容。

艺术家在艺术创作中通常采用美的形式来表达一定的内容，给人以美的享受。很明显，美，除了内容之外，还具有具体的感性形式。形式审美能力是艺术家所具有的天赋，而观赏者也必须具有形式审美的能力。这样各种美的形式才能成为沟通艺术家和欣赏者心灵的桥梁。

形式美是一种抽象的美，它只能具有一般的朦胧的审美意味。只有当它在具体环境中的具体事物上得到表现的时候，它的审美含义才是具体的和确定的。在具体的美的事物中，内容和形式是一致的。但内容和形式间的关系又是错综复杂的。有的是内容和形式都美；有的外形丑陋，却具有内在的美。美的形式不能脱离内容而存在，但在审美活动中，由于人们对美的形式越来越熟悉，使美的形式具有相对的独立的审美价值。

一、美的形式因素

美的形式是客观世界的自然物理属性所具有的。它可分为两大类：一类是诉诸于听觉的声音的美，如歌唱家的歌声，乐曲的节奏，诗歌的韵律，人的语声、笑声，以至大自然中的各种和谐悦耳的声音，这属于听觉的形式美。另一类是诉诸于视觉的形状、颜色、线条、空间等的美，如一种花卉、一个贝壳、一种动物、一件家具，它的形状、色彩看起来是悦目的，这属于视觉的形式美。

美的形式因素是指事物外观形式的美，构成美的形式因素主要包括色彩美、线条美、体积美、质地美、光线美、声音美等。

（一）色彩美

色彩美是视觉感官所能感知的空间的美。对色彩美的感受，既有生理依据，又有心理依据。每种色彩都在人的视觉上、感情上与象征意义上产生不同的审美效果。红色表现为热烈、庄严、兴奋，给人以温暖的感觉；橙色表现为热情、严肃、欢快，给人以兴奋的感觉；黄色表现为明朗、活泼、愉快，给人以开朗的感觉；绿色表现为柔和、自然、大方，给人以安宁的感觉；青色表现为秀丽、朴素、清冷，给人以幽静的感觉；蓝色表现为清秀、广阔、朴实，给人以沉稳的感觉；紫色表现为珍贵、华丽、高雅，给人以热烈的感觉；黑色表现为沉闷、紧张、恐怖，给人以冷峻的感觉；白色表现为明亮、淡雅、纯洁，给人以明净的感觉，等等。又因为审美想象等心理因素的作用，不同的色彩有不同的象征意义。如红色象征火热的斗争、辉煌的胜利，绿色象征蓬勃的生命、繁荣的世界，白色象征纯洁的心灵、坦荡的襟怀，黑色象征浓重的罪恶等。

（二）线条美

线条美是一种极富于表现力的形式美。它不仅用来勾画形象的外形，而且用来表现艺术家的情感。如垂线显示着昂奋，水平线显示着沉稳，曲线显示着轻柔委婉，斜线显示着进取搏击，波状线显示着舒展生动等。王羲之笔下那龙飞凤舞的书法艺术，是属于线条美，不仅表现他当时的情感，而且表露出他的性格；郑板桥画竹的线条，抑扬顿挫，变幻莫测，表现了他超脱的情趣和不趋名利的傲骨；杨之光的人物速写，笔法熟练，线条运用自如，勾画出人物的动态美。

（三）体积美

体积美是一种由线条的组合所表现的形式美。体积占据了一定的长、宽、高三维空间。它是根据形体的轮廓和大小，选择各种各样的线条，从形体相互关系上做出变化处理，使人产生稳定的感觉。体积美在建筑艺术中十分重要。

（四）质地美

质地美是物质外表给人不同感受的形式美。物质外表给人的感受有光滑、粗糙、坚硬、柔软等不同感受。

（五）光线美

光线美是指在一定的光亮度下所显示出来的形式美。照明光下所显示出的有光、暗和影。暗是照明光的消失，光是暗的消失，影则是在照明光下光和暗的混合。不同光线的画面、审美效果不大一样。在范仲淹的《岳阳楼记》中，洞庭湖在不同的光照下，所显现的景色就不同：冬夜时，"日星隐曜，山岳潜形"是一片昏黑的景色；而春夜时，"长烟一空，皓月千里，浮光跃金，静影沉璧"，在明亮的月光照耀下，湖面景色多么鲜丽！

（六）声音美

声音美也称音响美。它是由听觉器官所能感知的时间性的形式美。声音美构成的要素主要是节奏与旋律。声音的长短、顿挫组织起来，形成节奏。音色、调色、音程、节奏按需要组合，产生旋律。音乐艺术之所以会有惊人的魅力，讲究形式美是一个极其重要的原因。节奏与节拍的成功表现、调式的恰当选择、旋律的巨大表现力，都为创造美的艺术形象显现出特殊的形式美。

二、形式美的规律

形式美是以其"难得而出色的情状"呈现在欣赏者面前的。因此，各物质要素必须按照一定的规律组合起来，成为一种有序的感性存在，才会具有一定的审美特征。一般说来，形式美的组合规律，主要有单纯齐一，对称、均衡，调和、对比，比例、节奏、韵律，多样统一等。

（一）单纯齐一律

单纯齐一，也叫整齐一律。单纯齐一是最简单的一种形式美，色彩中的单一色，如蔚蓝的天空、碧绿的湖面、清澈的泉水等，给人明净、纯洁的美；仪仗队的行列、农田秧苗相同间隔，给人以整齐划一的美感；花边图案的反复出现，形成节奏感，也给人以整齐划一的美感。

黑格尔曾认为单纯齐一律主要是用于建筑，他说："单纯齐一律主要是用于建筑，因为建筑的目的在于用艺术方式去表现心灵所处的本身无机的外在环境。因此，在建筑中占统治地位的是指线形、直角形、圆形以及柱、窗、拱、梁、顶等在形状上的一致。"然而，当现代建筑讲究审美性、象征性时，单纯齐一就被变化多样所代替，如悉尼歌剧院等建筑，就很少看到单纯齐一律了。

（二）对称均衡律

对称指以一条线为中轴，左右（或上下）两侧均等。它是事物存在的基本形式之一，如人的眼睛和耳朵就是左右对称的。对称具有安静、稳定的特性。

均衡也是一种对称，是运用杠杆平衡的原理，获得感觉的平衡。所以，均衡是比较自由的对称、富于变化的对称。均衡的特点是两侧的形体不必等同，量也不一定相当，却给人一种等同的感觉。在中国画艺术中，除了在人物和景物的布局上考虑平衡外，还常常用题跋、印章来解决平衡问题。画面上朱红的"压角章"就能调整画面的平衡。在家庭布置中，室内的整体均衡也不容忽视。如果将高大家具放于一侧，将低矮家具放于另一侧，就会轻重不均，失去平衡的感觉。这时用小小的工艺品、花卉植物、字画照片点缀其间，往往能起到平衡的作用，形成协调、活泼的气象。

（三）调和对比律

调和是指在差异中趋于一致，对比是指在差异中倾向于对立。调和是把两种不同的东西放在一起，使人感到和谐、融洽。杜甫诗："桃花一簇开无主，可爱深红爱浅红。"就色彩而论，深红与浅红放在一起，使人感到融和、协调，在变化中保持一致。这就是调和。又如北京天坛深蓝色的琉璃瓦与浅蓝色的天空和四周绿树配合起来，显得很调和；音乐中利用谐和音原理，使两个以上的音按一定规律同时发出响声形成和声，也是调和；古典式建筑配上古色古香的花瓶、字画，也可以形成建筑物内外调和的格调。

对比是把两种不相同的东西放在一起，使人感到鲜明、醒目。"接天莲叶无穷碧，映日荷花别样红"，是绿与红的对比；"朱门酒肉臭，路有冻死骨"，是贫与富的对比；"蝉噪林愈静，鸟鸣山更幽"是鸣噪与幽静的对比；"会当凌绝顶，一览众山小"是高大与矮小的对比。两个明显对立的因素放在一起，收到相辅相成的效果。

（四）比例节奏律

比例是指一个事物整体与局部以及局部与局部之间的关系。我们所说的"匀称"，就包含着一定的比例关系。古代画家认为，画中人物的高度与头部的比例应为"立七、坐五、盘三半二"。各种景物之间也应有适当的比例，如"丈山尺树，寸马分人"等。西方则认为"黄金分割"的比例最能引起人的美感。"黄金分割"的比例大约是5∶8，书籍、建筑物上的门窗的宽与高大都符合这个比例。根据这个比例分割的物体和几何图形，都使人感到和谐、悦目。

节奏是有规律的反复。构成节奏的两个重要因素是运动过程的时间关系和强弱变化的力。现实生活中处处体现出节奏感，昼夜交替，寒暑往来，人体的呼吸、脉搏的跳动、行走的步伐、劳逸的安排等，都是生活中的节奏。音乐节拍的长短、强弱交替的出现，舞蹈动作的反复出现，建筑上窗户格子的排列，绘画中各种线条的重复配置，冷暖色彩的反复调和，诗歌韵律的反复出现，都形成一定的节奏。节奏大致可分为先抑后扬的鼓舞型和先扬后抑的沉静型。前者如奔涌澎湃的海涛，强劲有力；后者如远处传扬的钟声，余音袅袅。两者审美效应虽异，却能各臻其妙。柏拉图说："节奏与乐调有最强烈的力量浸入心灵的最深处。"除了速度快慢、力度强弱等外，其他许多因素如动静交替、疏密相间、虚实对比等也可形成节奏。

韵律是在节奏的基础上赋予一定情调的色彩。韵律能给人以情趣，满足人们的精神需要。在诗歌中，音的高低、轻重、长短的组合，匀称的间歇或停顿，一定位置上相同音色的反复出现以及句末或行末的押韵，都可构成韵律。像我国古典诗歌的平仄、排偶、押韵等，都构成优美的韵律。

（五）多样统一律

多样统一又叫和谐。多样统一是形式美规律中最高级的形式。从单纯齐一、对称均衡到多样统一，体现了现实生活和自然界中对立统一的规律。多样体现了各个事物的个性的千差万别，统一体现了各个事物的共性及整体联系。多样统一是客观事物本身所具有的特性，各种对立因素统一在具体事物里面，就形成了和谐。这一规律包含了变化以及对称、均衡、对比、调和、节奏、比例诸因素。它使人感到既丰富又单纯，既活泼又有序列。所以一般都把和谐作为形式美的基本法则。

例如颐和园，其中每一亭殿，下部都由挺拔、坚实的立柱支撑，以直线为主；而上部的房顶则由犬牙交错的飞檐组成，以曲线为主；殿宇轮廓多呈长方形，而中央顶部的穹隆藻井则为圆形，直曲、方圆巧妙统一。就全园布局来看，前山区的繁华富丽同后山区的疏野幽静形成鲜明的对比。从排云殿到佛香阁，都处在一条中轴线上。但游人从下往上走时，路线却十分曲折，或登石阶迎面而上，或穿回廊迂回转折，直中有曲、曲中有直、曲中藏幽，变幻无穷。登山眺望，统观全局，昆明湖东岸风光旖旎的知春亭，同西岸幽静如画的玉带桥遥相呼应；一座十七孔桥又如长虹卧波，把东岸的园林主体部分同南湖小岛相连。东南西北景观的分量、特色和风趣各有不同，却能互为映衬，真是疏中有密、浓淡相间、动静交错、远近对比，使整座园林处处有新意，处处不雷同，组成一幅和谐的巨幅画卷。

第七节　美的形式与形式美

美的形式与形式美既有联系又有区别。黑格尔说："美的要素可分为两种：一种是内在的，即内容；另一种是外在的，即内容所借以表现出意蕴的东西。"（黑格尔《美学》）这里所指的显现内容意蕴和特性的形式就是美的形式。在具体的事物中，美的内容和美的形式是统一的美，内容不能没有依托，而美的形式又不能脱离内容。一般美的内容处于主导地位，但是形式的好、坏、美、丑，也直接影响和制约美的内容的表达。美的内容与形式互为因果、密不可分，它们处于既对立又统一的辩证关系中，哪一种要素都是不可缺少的；否则，其中任何一个要素，都无法表现其存在。

一、美的形式和美的内容具有统一性

美的内容决定着美的形式，然而，美的形式并不总是处于消极状态，它具有自身的能动性和独立性。当它的这种特性与美的内容相适应的时候，就能恰当地表现美的内容，并激发内容美的不断进步，从而增强美的感染力。反之，过分强调美的形式，就会内在与外在不符，空洞而缺少意义，削弱美的感染力。

美的形式具有历史继承性和渐变性。与内容美相比较而言，美的形式比较稳定并且呈现出定型化的状态。美的形式直观，生动地体现该事物美的性质和特征。美的形式是具体的，无论它是否适合美的内容，却总是以各种状态与美的内容保持一种联系，始终依托于美的内容，也会积极地影响美的内容的改善。美的事物中一定含有具体的美的内容，及其与之对应的美的形式，它们是一一对应的关系。形式美是指美的形式的共同特征。形式美是抽象的，它是由一定的自然物质材料按照一定的客观规律组合而成的审美本体，并且由美的形式总结、发展而来的，是脱离了一定具体内容的、带有某种普遍意义的东西。如京剧中的各种服饰，代表着不同的人物形象：青衣角穿的服装，颜色素雅，代表已婚妇女，她的行动要稳重、端庄；旦角穿的服装颜色单一，样式简单，代表老年妇女……这些都是美的形式，直接为舞台形象服务。在戏曲艺术长期的发展中，人们把许多美的形象抽象地概括、整合出来，只要一接触这些形象，就能对该形象的意义产生较为准确的审美判断。而它仍然是表现一定内容的形式，具有相对的独立意义。这种独立的意义具有一种意味性，它以自身作为独立的审美对象，是形式自身呈现出来的美，它不受其自身以外的内容的影响和限制。

二、美的形式在欣赏美和创造美的过程中具有纽带功能

尽管美的形式表现的美是间接的、朦胧的，但是，人们在欣赏美的时候总是最先感受到形式的美，经过长期的审美实践，人们反复地直接接触这些美的形式，于是使这些形式具有相对独立的审美意义，即人们接触这些形式就能引起美感，而忽略了其内容的存在。如果说创造美是由内容向形式的过渡，那么美的欣赏则是由形式向内容过渡，所以美的形式在欣赏美的过程中起到桥梁的作用。正如别林斯基所说："如果形式是美的内容的表现，它必须和内容紧密地联系起来，你要想把它从内容中分出来，那就意味消灭了内容；反过来也一样，你要想把内容从形式中分出来，那就等于消灭了形式。"所以，美的形式的独立性并不是要抛弃内容，而是人们对内容与形式高度整合以后具有典型性的美的形式。所以美的形式在欣赏美和创造美的过程中，起着非常重要的作用。

三、美的形式与形式美的关系

美的形式是美的内容赖以存在的方式，一般人们把它分为内形式和外形式。

内形式是美的事物内容各要素的有规律的组织结构，它与美的内容直接发生联系。如一座雕像，雕刻家创造性地把自己的构思渗透在雕塑材料之中，利用一定的规律，使雕塑作品的各种材料与各部分内容之间统一地表现出来，如大理石、铜，还有现代雕塑所用的钢筋水泥等材料，它们或单一或混合在一起构成作品的各部分具体内容的形象，它们构成形象的内形式。而它的外在形态则表现为色彩深浅、光影明暗、线条曲直、形体的大小、质地的刚柔等，这些因素都是事物的外形式。

内形式直接体现着事物内在要素的构成关系，它与事物的内容密不可分。外形式表现为与内容的间接联系，具有较强的独立性和自身的规律性。如有些事物内容较好或一般，形式却很完美，这类形式往往使人忽略其内容的存在，仅仅从形式上就能体会到足够的美。如中国古代的诗词格律，其中内容不断更换，但它的形式，也就是它的外形式至今仍保持着，有着独特的美学价值。由此可见，事物的形式美是美的形式的组成部分。通常情况下事物的外形是指形式美，具体的美的形式包含着形式美，它们是个别与一般、局部与整体的关系。

第三章　学校美育理论

学校美育是学校教育中的美育，蔡元培说"美育的基础，立在学校"，这是在整个美育系统中居基础地位与核心地位的美育。其本质，乃是在学校这一特定的教育园地里直接面对学生，全面、集中、系统、持续地实施以美育人的一种教育活动，是以发挥美对人的作用为宗旨、以完美人为根本目的和终极关怀的美之育，显然这是具有学校教育特征的美育。如果说美学理论体系结构中的"审美教育"部分的理论描述的美育，是理论性美育或美学的美育，那么这种学校教育中实施的美育，就是实践性美育或教育的美育。而学校美育的理论形态则属于教育理论的教育学，其中的美学因素则是出于指导美育的教育实践而引进的，是对美学的一种应用，即蔡元培所说的"应用美学之理论于教育"。所以美育的规律属于教育规律，其中也包含有马克思说的"人也按照美的规律来建造"的那种"美的规律"。这就是如何以美育人、使人完美的实践规律，也体现为美育的实施规律。由于学校教育对美育的规定，导致学校美育状况如何取决于学校对美育的实施，有实施才会有美育自身的运作实践，而实践是学校美育独有的生存方式，有实践美育才会活起来，实践是学校美育的生命与活力所在。有了实施与实践，才会彰显出美育的教育魅力及其育人价值。这就是说，学校美育是指学校教育中实施的美育，实践着的美育。实际上，国家教育方针所规定的与德育、智育、体育相并列的"美育"就是指这种教育中的美育，要求学校教育必须实施的美育，本课题所要研究探索的也就是这种美育。

第一节　学校美育的性质和功能

学校美育说到底就是以美育人的美之育，即美的教育，这是回归到美育原初因美立教的生成论和本体论意义上界定的，因为美育乃是美与教育结缘交合的产物。而这种结合是由三方面的因素促成的。一是在人类文明特别是精神文明发展到很高的历史阶段时，出现了美。这种美以及其所寄身的人类世界的各种事物（人的、自然的、社会的、艺术的、科学的、教育的等）的光彩形象彰显出其动人的魅力，给人以愉悦，并且在人感受到美、产生美感时开始发挥出美天然固有的对人的作用，诸如陶冶情感、净化心灵、开启智慧、提升精神境界的作用。二是教育。教育是人类文明发展的产物，是人类文明的"绿洲"，学校是文明圣地。而教育对人类文明的传承、延续和推进是集中体现对人的教育，目的是人，一切都是为了教育人的需要，学校教育所选择确定拿来育人的各种内容和形式都在于能够培育出个性自由、全面发展、高素质、有创造力的完美人的需要。因此，高度发达的教育越来越需要拿美来育人，在教育中发挥出美对人的作用，越来越意识到发挥美的作用是培育完美人所绝对不可缺少的。三是人。人是人类文明的活的标志，而人的文明发展是将人作为人的天然人性固有的爱美心理意识激发出来，而不是泯灭，就是激发了普遍存在的"爱美之心"，更表现出对美的喜爱、对美的需要和对美的追求乃至创造美的欲望。正因为在作为儿童、少年、青年的学生心中荡漾着童贞的美意和青春的诗情，最普遍地保持着人性的"爱美之心"和强烈的美的冲动，这样对于教育的接受主体学生来说，再也没有比对美的教育更有可接受性乃至乐于接受性的教育了。因为美会给他们快乐，给他们自由，给他们解放，给他们幸福。

正是美、教育和人三个因素相互作用，使得美与教育在同一个人的目的下走到一起了，构成了以美育人的独一无二的教育形态，即以发挥美对人的作用为宗旨、以完美人为目的的美的教育。所谓美育，就是美的教育的简称。显然，从以美育人，发挥美对人的作用和以完美人为目的对这种美育的规定性来看，美育具有极强、极高的人文性，是在美对人的最高意义上的一种立美教育。

然而，迄今为止在我国美育界并未普遍认同美的教育，而更权威更有影响的是将美育视为审美教育，有人认为这是受了后现代审美论否认美学的美的本体论的影响，强调接受立体审美作用。但是，审美虽然是美育的重要因素，但不能用审美取代美，特别是对作为一种教育的美育来说，审美属于学生立体心理意识范畴，而美育只能是拿美来教育，用美来作用于审美，审美是美对人的作用的中介，所以不说拿审美来育人，那会导致以审美育审美的无美的美育，而且审美是由美派生出来的。所以，将美育界定为审美教育会导致美育失美的后果。而美是美育的根本，美育是因美而生的，没有美就没有美育。同样将美育界定为美感教育、情感教育、艺术教育、美学教育，等等，都反映了美育的部分事实，是美的教育所包含在内的，但都不能代替美的教育这一根本。它们审美的美感情感、艺术、美学等都是因为美而进入美育的。所以真正的美育只能是以美育人的美的教育。

事实上，古今中外凡是真正说到美育的并表现出美育真谛的无论从哪个角度，任何说法都不能不说到美和美对人、对社会的作用。诸如古希腊柏拉图说到美育所指出的是"拿美来浸润心灵，使它也就因而美化"，是"从小培养起对美的爱好，并且培养起融美于心灵的习惯"。这恰恰点出了以美育人的核心旨趣。而法国的卢梭在他的教育名著《爱弥儿》中涉及美育时则说："我的主要目的是：在教他认识和喜爱各种各样的美的同时，要使他的爱好和兴趣贯注于这种美。"这是美的教育所应该达到的。而德国大教育家赫尔巴特在他的《论世界的美的启示为教育的主要工作》中将美的教育视为教育的主要工作，认为对学生应该让他"对他周围的世界有美的领悟"，"通过世界的美的启示他容易决定，有力量地决定这种领悟，使得心灵的自由态度不从世俗的智慧方面而从纯粹实践的（道德的）考虑接受它的法则"。而这种美的启示即"整个所知道的世界与所知道的时代……会消灭不良环境中的坏印象，这可以正确地说，这是教育的主要工作"。德国席勒的被誉为"美育宣言书"的《审美教育书简》虽然名为"审美教育"，但其实质讲的仍是美的教育，美仍是它的关键词，其核心和灵魂仍在于美，甚至将美及其价值提高到前所未有的高度，整个书简的所谓审美教育是以美和美对人、对社会的作用为立论依据的，整个是被美的神奇功能力量与美的崇高理想和自由主宰着的。他说这是"关于美与艺术的研究成果"，并认为美与艺术"同我们幸福生活上最好的部分有直接联系，同人的天性中道德的高尚也不相违阔"。他主张"让美在自由之前先行"，"因为正是通过美人们才可以走向自由"，认为"我们的时代应通过美从这双重混乱中恢复原状"，坚信美能够"起到像培育人类这样伟大的作用"。通过美的教育能够使人类进入"美的王国"即理想的人类社会，因为"只有美才能赋予人合群的性格"，"唯独美的意象使人成为整体"，"唯独美的沟通能够使社会统一，因为它是同所有成员的共同点发生联系的"，"唯有美，我们是同时作为个体与族类来享受的"，"唯有美才会使全世界幸福"，可见名为审美教育而实质上却是一种发挥美对人、对社会的作用的美的教育，并且是一种具有人类意义的伟大教育。苏联著名教育家也是美育专家的苏霍姆林斯基的美育也鲜明地体现为美的教育，主张用美来教育学生，突出美对学生的教育作用。他认为"在这个世界里，美才是巨大的教育者。我们生活在这个世界上它每时每刻都在激荡着我们的心，只是因此关于美的那些教诲才具有实际的力量，没有美的教育，就不可能有完整的教育"。"美似乎在打开观察世界的眼界。长期在美的世界里熏陶，再碰上坏的、丑恶的东西突然会觉得不能容忍；教育规律之一，就是用美把邪恶与丑恶现象挤跑"。而且他还认为"小孩在发现自己周围的美，并对这些美而感到非常兴奋，赞叹的时候，这宛如在照镜子，会观察到人的美"，而且"在为人们创造财富与欢乐的结合中，通过认识美，比如说，认识一朵小花的美，岸边上色彩斑斓的小石子的美，鲜红色霞光万道的美，朗朗语调的美以及人们的行为美来认识自己。在这种结合中则蕴藏着相当强大的教育力量，使你这个教育者能获得真正神奇的才能"。他说"我的理想就在于使每一个孩子能实实在在看到美，让他们对着美惊叹不已，把美的东西化作自己精神生活中的一部分，经常感受到语言和形象的美"，而且"使你的每一个学生的精神生活里都会有使美大放光彩，对美惊奇以及在美面前有股喜悦的成分"。显然，这些都是来自美的教育实践体验和感悟的珍贵的美育名言。而对于普遍认同的作为美的教育的美育，中国现代美育奠基人蔡元培则给予了最恰当而又最简明的界说，他认为美育"是以目的"的，而"陶美的工具为美的对象；陶养的作用，叫作美育"。这里最突出的合理性在于肯定了以美育人这一根本和强调了美对人的作用。所说的"美的对象"即用来育人的美，而"陶养的作用"就是美对人特有的作用，发挥出这种作用达到育人的目的，这是美育的根本工作。而美育也就因这种以美育人、发挥美对人的作用的美之育而得名的。

正是由于因美立教、以美育人、发挥美对人的作用的本体性质，决定了美育的教育功能及其特征，这就是它的感性教育和情感教育及其诉诸审美方式、在审美活动中实现的独特性。

因为美是这种教育的本源因素，也是其生存和运作的依据和动力，所以这种教育的性质、功能、特征都是由美和美的作用引发出来的。美育的教育功能说到底是由美对人的作用的育人功能决定的。而美生成的向人显现的是生动的感性形象。正是这种美的感性形象的感人力量，在人的审美活动中激发人的美感，同时也作用于人的视听感官、感觉、感受直觉、想象等人的生命感性素质和能力。所谓教育接受主体的审美，实际上是对显现于感性形象的美的直接观照和判断，并由此在心中构起美的意象。而这种审美意象是来自美的感性形象，而且如美国著名美学家马尔库塞所说"审美构形是依照美的规律进行的"，"美好感性的实质，被保存于审美升华"。在这个意义上，对审美主体来说"美的直接的感性性质，可以提供直接的感性幸福"。在休谟看来，"刺激快感的力量，属于美的基本性质。快感不是美的副产品，相反，是它构成了美的本质"。可见美育的感性教育，实际上就是指美的感性通过审美活动而作用于人的感性并激活、解放、丰富和提升人的感性的教育。美学家蒋孔阳说："美育是以审美的方式教育人。审美活动对人的感化和教育常常是无形迹的，潜移默化的。它似乎有一种不可抗拒的力量，使人不得不受其影响，同时让人感到愉快"。而这种"不可抗拒的力量"看似来自审美，而实际是来自美的力量，是美在审美活动中以美的感性作用于人的感性的那种感性力量。而人的健康的、丰富的、自由的、有活力的感性，是人作为一个鲜活美好的生命体的本质标志，所以，美育的感性教育应当上升到对人的生命教育的高度。

这种感性教育中的感性又内含着一个主要因素，那就是情感，情感是感性结构中最活跃、最有力量的要素，也是人的整个生命体中最有激发力、兴奋力和推动力的感性生命要素。梁启超说："情感的性质是本能的，但它的力量能引人到超本能的境界；情感的性质是现在的，但它的力量能引人到超现在的境界。我们想人生命之奥，把我的思想行为和我的生命迸合为一，把我的生命和宇宙和众生迸合为一，除却通过情感这一个关门，别无他路。"因此，提到美育的感性教育和生命教育时，就不能不推进到情感教育上来，特别在美育的以美育人、发挥美对人的作用、以完美的人为目的的本质意义上，就应该看到它的情感教育性质和功能，这既由于情感教育是人的教育的重要方面，也由于美对人有作用的一种情感作用。这是因为为人而生、向人而显现的美的本身就包含着人的情感，特别在人的审美构形的意象中更灌注着人的情感。说美是一种情感形态的存在也不为过。所以美育的情感作用就包含以情感去点燃情感、以情感去激发情感、以情感去解放情感、以情感去转化情感的作用。因此，王国维认为"美者感情之理想"并将美育定为"情育"，在于"使人之感情发达，以达完美之域"。蔡元培认为美育是"以陶养感情为目的"的。鲁迅也提到"发扬真美，以娱人情"。而梁启超则认为美育就是"情感教育"，在他看来"天下最神圣的莫过于情感"，"用情感来激发人，好像磁力吸铁一般，有多大分量的磁，便引多大分量的铁，丝毫容不得躲闪"，而"情感教育的目的，不外将情感善的美的方面尽量发挥，把那恶的丑的方面渐渐压伏淘汰下去。这种功夫做得一分，便是人类一分的进步"。这也是将美育看作情感教育的理由，但这情感教育仍是来自美对人的情感作用，是包含在美的教育之中的，却不能代替美的教育的全部。同样，审美教育也是来自美的教育，它体现的是美的教育，是在审美活动中以审美方式实现的，并体现出美对人的作用中所包含的对人的审美作用，如丰富人的审美意识、提高人的审美能力及审美感知和水平，审美教育乃是美的教育的题中应有之义。美感教育也是由美的教育发展产生的，是美对人的作用的直接表现，在审美活动中美使人产生美感愉悦，所以也包含在美的教育之中。至于认为美育就是艺术教育或艺术教育就是美育，从根本上说还是因为美育在本质上是美的教育，而艺术的最高标志是它的美和情感，艺术是艺术家按照自己的审美理想和"美的规律"并倾注美好情感创造出来的，所以艺术的美是比其他自然的美、人的美、社会的美乃至各种美更美的美，艺术教育的更高意义在于它的美的教育包括情感教育。因而凡说到美育的，没有不涉及艺术教育的，其实孔子的美育"兴于《诗》，立于礼，成于乐"(《论语·秦伯》)，就是指诗、乐的艺术教育，因此王国维在他的《孔子的美育主义》中说孔子"其教人也，则始于美育，终于美育"。蔡元培说"美育之实施，直以艺术为教育，培养美的创造及鉴赏的知识，而普遍于社会"。而梁启超则更明确地表示："情感教育最大的利器，就是艺术；音乐、美术、文学这三件法宝，把'情感秘密'的钥匙都掌住了。"这就是说把美育视为艺术教育是有一部分道理的，而这道理就在于它的实质仍是以美育人即以艺术美育人，发挥艺术美对人的审美作用、感性作用和情感作用，又由于艺术美是理想性的美、更高的美，这美对人的作用更大更强更普遍也更集中，所以艺术教育也成了学校美育中的支柱部分，主干部分也是一种特立的权威性的一部分。因此，学校美育如果没有艺术教育就是不完全的美育。然而只有艺术教育而没有其他各种美的教育也是不完全的美育。因为艺术教育无论怎样都只是美育的一部分，它只属于一种美的教育。我们说美好的教育的美育理所当然地包含着艺术教育，却不能说艺术教育包含全部美的教育。所以国家教育方针中明确规定的是美育，而不是艺育即艺术教育，但这里的美育已经把艺术教育包含在内了，并赋予它很高的地位。

以上所说的美育所包含的和体现的各种教育，都是以美育人，发挥美对人的作用的内容、功能及其特点决定的，并且是它的体现。这一方面是说用以育人的美乃是人类世界上各种各样的美的总称，不是单指哪一种美，是用各种各样的所有的美来育人；另一方面也是说所发挥的美的作用只是对人的作用，并且是对整个人的作用而不是对人的哪一个方面的单一的作用，上面提到的各种教育作用，事实上都包容在整个人的作用之中，只是为了说明问题才被单独提出来。这样在上述的基础上我们就可以看到美育的最高功能和这功能的最大特点就在于是对整个人的教育，也就是最完整的完全的意义上的人的教育，是以完美人为目的的人的教育，这是美育的性质和功能的最高体现。

所谓整个人的教育，是指对现实的鲜活的个体的人的生命整体的教育，不是对构成这个整体的哪一个方面的哪一个部分的教育。而对作为个体生命存在的整个人的教育，包括整个心理结构及其情感系统，包括感性与理性统一的意识领域，包括形象思维与抽象思维统一的思维活动，包括整个心灵和灵魂，包括整个人的精神世界等的教育，并且是在上述诸内容构成的综合整体的教育中实现的，这种整体教育完全是由美对整个人的作用造成和决定的。因为美和艺术总是让人全身心投入对它的感受，形成对整个生命个体的全身心的感动和震撼，表现出对整个人的吸引力、征服力和激发力，导致产生整个人的美感愉悦快乐，进入充满乐趣的自由心态，或者是审美欣赏的激情赞叹、评价和叫好，或者被感动而流下深情的眼泪，或者带着久久不能平静的心而无言地离去。这些看来是情感作用，但这里的情感是属于整个人的，它会导致对整个人的作用，因为人是一个有情感的生命体。马克思说："人是一个有激情的存在物，激情、热情是人强烈追求自己对象的本质力量。"爱因斯坦也说："感情和愿望是人类一切努力和创造背后的动力。"因此，美和艺术的情感作用会导致对整个人的作用，诸如激发爱美之心，使人产生追求美、创造美和为自身立美的欲望和行动，也包括产生仁爱之情去发动道德行为；去激活想象力，让想象张开双翼，形成形象思维与抽象思维统一的创造思维，产生新的创造力，还可以由于情感的作用而由感性上升到理性，打开心智之门，走向大智慧，还可以产生大爱情怀，提升整个精神境界。这一切都体现着对整个人的教育作用。因此，席勒说"美的教育"的"教育意图是，在尽可能的和谐之中培养我们的感性力和精神力的整体"。这也是美和艺术对人的整体作用的必然。德国哲学家教育家费希特说："美的艺术不像学者那样只培育理智，也不像人民教师那样只培育心灵，而是培育完整统一的人……而是把人的各种能力统一起来的整个心态，这是一个第三者，是前两者（指理智与心灵）的综合。"俄国文学家列夫·托尔斯泰也强调这一教育特点，他说："艺术就是这美的灵魂的表现，艺术的目的是教育，不仅是'智'的教育——这是学者的事，不仅是'心'的教育——这不只是教育者的事，而是整个人的教育。"这就决定用美育人发挥美对人的作用的美育的教育功能及其特点，也就必然不是对人的哪一方面的教育，而是对整个人的教育，亦即是对现实的鲜活个体生命整体的教育，所以这种实质上是人的教育，是生命教育的美育，最符合以完美人为目的的教育需要。这正如蒋孔阳所说："美感教育的目的，最后还在于培养人，发展人，使之成为身心健康的完美的人"。如果从现在学校教育中推行的素质教育角度看，这种作为以培养完美人为目的的人的教育、生命教育的美育或者说具有人文教育精神的美育，无疑就是一种真正意义上和最高意义上的素质教育。所谓素质教育实质乃是最完整意义上的人的教育，在于提升人的综合素质和整体素质的水平，包括人格素质、心理素质、身体素质乃至整个文化与精神素质，这些内容与美育对整个人的教育内容是重合的，都是决定一个人的个体生命质量与水平的主体因素，而且素质教育的目的在于造就出个性自由、全面发展、富有创造力的高素质的人，这与美育的完美人的思想也是相同的。而且美育的目标要比其他素质教育的目标还要高，比其他素质教育的教育效果还要好。因为美育是直接作用于人的生命整体的，是整个人的，所以也可以说美育是最高的素质教育，是最好的素质。这样美育绝不是素质教育的外观点缀，而是素质教育本身，是素质教育最高标志的部分、最有效的部分。学校的素质教育如果没有美育，就不仅是不完全的素质教育，而且是低水平、低效能的素质教育，也可以说不全面实施美育，素质教育就是不到位的，只有学校美育充分实现高效之日，素质教育才有最终完成之时。

第二节　学校美育的构成和实施

由于学校美育的核心旨趣在于以美育人，在于发挥美对人的作用。而美又是多种多样的，普遍存在的，不仅存在于自然界、社会里，而且存在于学校教育中，它们内含在一切教育内容中和教育形式上，为了教育需要而被发现被彰显出来，用以育人，而且在各种教育活动中和教育过程中也不断生成新的美。这就是说在学校美育中既有从学校教育外引进的美，也有学校教育内有的美，而有美就有美育，学校教育中普遍有美，也就是学校教育中普遍有美育，并存在各种教育之中，是各种教育中的美育，正是这些美育构成了学校美育的大系统，说明学校美育是整个学校教育的整体美育。这就决定了学校美育的整体构成及其存在方式，也决定了学校美育的实施是诉诸整个教育的实施。这就意味着诉诸学校教育中的各种教育的实施，从而构成了各种教育的美育。这其中的一个规定性因素就是美育与各种教育的关系，而这种关系的特定性就在于是你中有我、我中有你的交融关系并体现在同一个教育教学活动中，是同一活动中的两者并行。这就构成了事实上的各种教育的各种美育，只有充分认识和把握住这种美育的构成，才能全面实施学校美育。而各种教育中的各种美育，至少要包括以下几种：

一、德育的美育

这里美育与德育是融合一体的产物，这并不意味着美育是外加给德育的，也不意味着美育是德育的附庸，而是由于它们都内含着一个决定因素——美，正是由于美和社会的作用而使二者融合为一。而这种融合体现在实施德育时包含有美育在其中，实施美育时包含有德育在其中，这不等于说美育就是德育、德育就是美育，而只是内在的某种美善互为关系决定了二者的融合，从美育方面说，这构成了德育的美育，是学校美育的一个方面或一种形态。认识和把握它以至实施它，既有利于加强和提升美育，也有利于加强和提升德育。对此我们从四个方面来认识、把握和实施。

其一，美善同一，美中有德。这是德育的美育构成的内在基础。因为这决定了实施以美育人，发挥美对人的作用的美育就含带有道德人格教育作用，即以美育德之功能。实际上，大德为美，特别是在人的美、社会美和艺术美中含有德、美可以上升为大德，美是最高道德的体现，可视为美是美的象征，是善的光辉，甚至如美学家朱光潜所说："就广义说，善就是一种美"，"善与美是一体"。因此，席勒也说："谈到道德经验时所适用的一切，必然在更高的程度上也适用于美的现象"。也许正因为很早就看到这一美善之真谛，孔子才认为是"里仁为美"(《论语·里仁》),孟子才说"充实之谓美,充实而有光辉之谓大,大而化之之谓圣"(《孟子·尽心下》)。正是由于美善同一、美中有德是一种事实,才获得普遍认同,那么,以美育人的美育中包含着以德育人的德育,而以德育人的德育也可以上升为"美育",就必然成为一种事实。从而在上述意义上德育的美育也必然成为一种学校美育的一种事实。

其二,情感作用。这是指美育所独有的情感教育作用,这是由美和艺术对人的情感作用决定的,而这种情感作用既有陶养情感作用又有激发道德情感作用,以至产生仁爱情怀、道德情操和由道德情感发动的道德行为。所以俄国美学家别林斯基说:"美的情感是善的基础,是道德的基础。"法国美学家库申则认为"美感是一种特别情操;因此,可以说美和艺术对人的情感教育作用必然包含着或上升到对人的道德作用,能陶养道德人格。"如美学家宗白华所说:"艺术的作用是能以感情动人;潜移默化培养社会民众的性格品德于不知不觉之中,深刻而普遍。尤以诗和乐能直接打动人心,陶养人的性灵人格。"为此,蔡元培坚信能以美感完成道德,情感能发动道德,他说"于必要时愿舍一己的生以救众人的死,愿舍一己的利以去众人的害。把人我的分别,一己生死利害关系,统统忘掉了,这种伟大而高尚的行为,是完全发动于感情的",进而说"这是完全不由于知识的计较,而由于感情的陶养,就是不源于智者,而源于美育"。而对这种作用鲁迅也指出:"美术之目的,虽与道德不尽符,然其力足以渊邃人之性情,崇高人之好尚,亦可辅道德以为治。物质文明,日益漫衍,人情因亦日趣于肤浅;今以此优美而崇大之;则高清之情独存,邪秽之念不作,不待惩劝而国又安"。这就说明以美育人的美育中含有德育,美育能够完成德育的任务,这也是构成德育的美育的一个重要原因。

其三,德育寓于美育之中,美育成为德育的形式、方式、手段和途径,德育成了借助美育、通过美育、在美育之中的德育,这样的德育不再是将德育的内容诉诸知识性的说教方式讲给学生,让学生接受它所灌输的道德内容,造成教育的枯燥无味和学生的无趣味无快乐地被迫接受,而是将德育的内容寓于美育之中,确切地说是寓于美的教育和艺术教育之中,可以说是一种"寓教于美""寓教于艺",也是一种"寓教于乐",是德育的"寓教于乐"。而所谓"寓教于乐"一般认为是沿用古罗马大诗人贺拉斯在谈论诗(戏剧)既要有教益又要有乐趣的一种主张和说法,原文是"寓教于乐,既劝谕读者,又使他喜爱,才能符合众望"。其意在于指出文艺应有教育和娱乐的双重属性，并且是快乐中寓有教育，而在我们这里则是"寓教于美""寓教于艺"的最高体现，因为美和艺术都会带来快乐。康德指出："美是那不凭借概念而普遍令人愉快的。"亚里士多德说："人们都承认音乐是最愉快的东西，可以在不同程度上受到音乐的激励，受到净化，因而心里感到一种轻松舒畅的快感。"正是这种能带给人乐趣、愉快的美和艺术的教育形式、方式、手段和途径赋予德育，使德育成为"寓教于乐"的德育，改变了德育的无趣味、无快乐、无魅力的教育面孔，导致一种教师乐教、学生乐学的快乐德育。而这也是将德育寓于美育之中的必然结果，是德育的美育构成的必然表现。

其四，是用拥有高尚的道德人格及其行为表现的道德典范的、鲜活的感性形象教育人。可以将德育与美育融为一体，构成德育的美育乃至美育的德育。这是因为，一方面这一形象体现的是道德的感性存在，是活道德，可以唤起道德的直观感受，是一种感性教育；另一方面这一形象又显现着人的美，因为人的美是由人的内在美决定的，主要是道德人格包括品质、心灵、情怀和整个精神境界的美。苏霍姆林斯基指："内心美和外表美的统一，这是道德高尚的一种美的反映"，"人美的理想同时也就是道德美的理想"。从而这道德形象，也是人美的形象，它唤起人美的美感，也可叫作美感形象。所以用这一形象育人，就既是德育的，也是美育的，而且由于诉诸了道德形象的教育也成为最有感性魅力的德育，由于是以美育人也成为最有教育力量的美育。因为这种美育德育合一的教育，最能给学生以强烈的持久的感动和心灵的震撼，最能唤起对道德之人、大美之人的热爱之情、敬仰之意、崇拜之心、追求之志，从而也会激起自己也成为这样的人的欲望和冲动，从而产生为自身立德立美的自觉。这是美育和德育作为人的教育所获得的最伟大的成果，也是其他教育所难以获得的。这是构筑和实施德育与美育融合的教育形象的最高意义之所在。

二、智育的美育

这体现了智育之中有美育，美育之中也有智育的内在联系。智育是学校教育占主体主干地位的部分，美育融于智育，美育是学校教育的全领域全过程中的美育的重要标志，体现了美育的教育整体地位，也是完全美育的重要标志。

如果说智育中没有美育，那就既说明美育不是教育整体中的美育，也说明美育是不完全的美育。然而事实上智育中普遍存在着美育。所以蔡元培在谈及音乐图画等"专属美育的课程"时指出"美育的范围并不限于这几个科目；凡是学校所有的课程，都没有与美育无关的"。这也就等于说智育的各学科课程包括教材和教学内容与形式中都有美育。智育中普遍有美育，也决定了智育的美育的存在。具体来说这主要体现在两大方面：

其一，这种智育的美育是由智育的诸学科课程（包括各种数理学科和人文学科）的内容和形式中普遍有美决定的。有美，这是个前提和基础。在教育教学中发现这些美、揭示这些美，引导学生进入审美活动感受到这些美，唤起学生的美感体验，这样知识理性认知与文化感性的审美认知相并行，并且相互作用，也就是以文化知识育人与以美育人进入同一个教育活动过程，这表明智育进入它的美育高境界，美育进入了智育的深层领域。这里的关键还是在于看到这些美，不管是内容上的或深层内涵的，还是形式上的，都要感受到它的存在。其中语文课程中的语言艺术的美，包括诗、散文等文学作品的内容和语言形式的美是普遍认同的，也是容易让学生感受到的，而数学、物理、化学等自然科学中的美，则需要深层的发现。但必须相信科学之美的存在。大科学家杨振宁说"科学中存在美，所有的科学家都有这种感受"，并点出"现象之美、理论描述之美、理论结论之美"，并且在谈及物理学家狄拉克时指出"如果你遵循你的本领提供的通向美的向导而前进，你会获得深刻的真理"。英国哲学家、数学家罗素认为："数学不仅拥有真理，而且也有至上的美——一种冷静而严肃的美，像是雕像的美。"英国作家奥茨也肯定地说："高深的数学和物理学可以像诗一样的美。"著名化学家门捷列夫也认为在科学的大厦的各种关系中包含着"最高度的美"。而这些美我们可以称作科学美和理论美，是科学知识的最高层次上的表现，可视为科学真理的光辉。此外也有表现科学内容的形式和现象的美，诸如对称、曲线、圆形、结构、动态、运转、光谱、色彩、声音等和谐所含的美，那些表现科学真理的公式、定理、算式、字形、符号、表格图像的美等，揭示出这些美、唤起学生的美感，乃是科学知识教育其他的最高境界的标志，也体现了智育与美育的同在。

其二，是美育有智育功能，而且是提升智育的功能。智育不仅是传授知识的知识教育，而且是提高学生智能的智育教育，包括认知能力、思维能力、求知和探索能力、创造能力等。而这智能的提高只有在美育的帮助下才能实现，或者说只有在美育的帮助下才能使学生拥有高智能大智慧。这体现在两方面：一是情感作用。美育通过美和艺术育人产生的情感陶养作用，使人产生积极的高尚的感情，那是追求科学真理、科学发现和科学创造的动力，也是造就高智能大智慧的情感力量。列宁说过："没有人的感情，就没有也不能有人对真理的追求。"别林斯基说："缺乏这种情感，就会没有天才，没有才华，没有智慧，而且没有感情的理智会引来偏见，造成怪僻之论。"这种美和艺术的情感是以美感上升起来的大爱之情，追求理想的激情是伟大情怀的高尚之情，正是这种情感，才能转化上升为追求真理的意志力量。科学创造的满腔热情，成为想象力和创造思维的激发力量。二是感性形象的感性作用。美育是感性教育，它诉诸美和艺术的感性形象作用于人的直觉感受，这会锻炼并增强学生的直觉能力、想象能力乃至创造思维能力，而创造性思维能力是高智能大智慧的标志，也是科学创造力的来源，而创造性思维由抽象思维或逻辑思维、科学思维与形象思维或艺术思维、审美思维的统一构成的。事实上任何伟大的科学家的科学探索和创造发明都是与拥有形象思维或艺术思维、审美思维及其灵感和悟性的帮助分不开的，科学创造思维能力是由艺术思维与科学思维两只翅膀起飞的，折断了哪一只都难以腾飞起来。也正是在这个意义上，德米特里耶娃才指出："创造性的潜在能力，是把科学的能力和艺术的能力一起包括在内，是统一的，同时，科学分析的因素和艺术的因素不仅可以似乎平行地和平共处，而且它们还可以相互补充。"而那些拥有高智能大智慧和巨大创造力的大科学家们对此更有切身的体会，爱因斯坦说："我从 6 岁起，父母就要求我学习小提琴，音乐的感觉给我带来了新发现"，并认为"我如果在早年没接受音乐教育的话，那么我无论在干什么事业上都一事无成……每当我遇到难题的时候，为了头脑清醒，我就拿起小提琴进行演奏"。钱学森也说："这些艺术里所包含的诗情画意和对人生的深刻理解，使得我丰富了对世界的认识，学会了艺术的广阔思维方法。或者说正因为我受到这些艺术方面的熏陶，所以我才能够避免死心眼，避免机械唯物论，想问题能够更宽一点、活一点。"也许正是认识到这一普遍规律，苏霍姆林斯基才十分强烈地说："我一千次地确信，没有一条富有诗意的、感情的和审美的清泉，就不可能有学生全面的智力发展。儿童思维的天性本身要求富有诗意的创造。美和活生生的思维如同太阳和花儿一样，有机地联系在一起。富有诗意的创造开始于美的幻想。大自然的美使知觉更加敏锐，唤醒创造性的思维。"

上述两方面说明智育与美育相融合是合规律也合目的的，既是智育上升到最高境界的需要，也是美育固有功能的必然导致的结果。

三、体育的美育

这体现了体育与美育融合为一，体育中有美育，美育中有体育。二者都能够如此在于它们都是对整个人的教育，都是对鲜活的个体生命的教育，而且都以身心健康、全面发展、高素质的完美人为目标。而人体的完美，乃是构成完美人的基础性的重要组成部分，没有完美的人体，便不能有真正意义上的完美人。不仅如此，人体的完美也是构成完美人的一个保证。因为人体乃是人的道德、智能、情感乃至整个心灵和精神界的负载体、依存体。对完美人而言，完美人体乃是"第一要素""第一条件"，是完美人的整体素质中的"第一素质"。对此从美育角度看，人体完美必然显现出人体美，而人体美正是整个人的美的重要方面。柏拉图说人类达到最美境界就是"心灵的优美与身体的优美和谐一致，融成一个整体"。这样人体美便成了体育与美育的共同关注点，人体美也是体育与美育融合一体的基点，也是体育的美育能够构成和实施的依据。

所谓人体美，乃是个体生命身心和谐发展的产物，是人体的健、力、形和动作和谐统一的整体形象显现出来的，不是人体的哪一个方面单独的表现，而各个部分构成的整体表现也是人的整个生命体达到某种和谐完美的表现，这正如古罗马朗吉弩斯所说："人体要靠四肢五官的配合才能显得美，整体中任何一部分如果割裂开来孤立看待是没有什么引人注意的；但是所有各部分综合在一起，就形成一个完美的整体。"这个整体形象并非雕像般静观的形象，而往往是见诸举止、姿势和各种动作的动态表现，这就既要求人体各部分的对称与合比例，如古希腊的毕达哥拉斯所说"身体美确定在于各部分之间的比例对称"，又要看人体的动态表现，如德国美学家叔本华所说人体的"优美就在于每一举动与姿势都是最轻便、最适度、最自然地做成的"。俄国美学家车尔尼雪夫斯基也说"动作敏捷、从容，这在人的身上是令人陶醉的"。而我国武术界常说的站如松、坐如钟、行如风，也体现着人体动态的美，而这种美透露着人体的健康和力量，是一种雄健伟力之美。而在各种体育运动会上竞技项目中挑战人体极限创造出来的"更快、更高、更强"的人动作的奇迹，也是在人体运动的最高意义上显现出来的人体美，这也是体育所追求的目的，也体现出体育造就人体美的育体功能，正如现代奥运创始人顾拜旦所歌颂的："啊！体育，你就是美丽！你塑造的人体，变得高尚还是卑鄙，要看它是被可耻欲望引向堕落还是由健康的力量悉心培育。没有匀称协调，便谈不上什么美丽。你的作用无与伦比，可使二者和谐统一，可使人体运动富有节律，使动作变得优美，柔中含有刚毅。"

此外，也存在着体育中的艺术、艺术中的体育，是体育的艺术、艺术的体育，二者都在塑造和表现运动着的人体美，诸如体育运动项目中的艺术体操、花样滑冰、冰上芭蕾、武术等，艺术中的各种舞蹈、京剧里的武打动作等，而学校里有音乐伴奏的体操，可谓体、舞、乐共举是体育与艺术合一的一种表现，它也是塑造和表现着动态的人体美。

而人体美，是美育对人的教育所追求的目标，因为用各种美育人的美育，就其完全的意义而言是必须包含有用人的美育人在内的，人体美是人之美的重要表现，更是作为美育目的和目标的完美人所不可缺少的。

用人体美育人，则在于让人体美进入学生的审美活动，激发欣赏和爱慕人体美的审美情感，进而内在地产生自己拥有人体美的欲望冲动乃至人体美自我塑造的意志和行动。同时也让学生看到体育能为人体立美，能造就人体美，从而能够积极热情地投身体育活动，热血沸腾地奔赴操场，兴趣盎然地主动训练，以致体验到释放青春活力的愉快，感受到健康的改善、体力的增强、人体美所带来的欣慰和满足。这无疑也体现出美育和体育的一种推动效应。

总之，体育与美育融合，构成一种体育的美育是必然的，也是大有可为的。

四、艺术教育的美育

所谓艺术教育的美育有两层含义，一是指艺术教育原本就是一种美育，是作为美育的艺术教育，是美育的组成部分。二是指通过艺术教育的美育也是艺术教育上升到以美育人，即以艺术美的高度时才体现出来的美育。总之，艺术教育中的美育是诉诸艺术教育，体现着艺术教育与美育融为一体，你中有我、我中有你，也是美育与艺术教育这两种教育（不完全就是一种教育）的一种存在形式。认识、把握和实施它既可以使艺术教育提升到更高境界，又可以使美育真正成为整个教育的美育。

这里要说的首先是作为美育的艺术教育，艺术教育是一种美育，并且是学校美育的标志性部分，具有实体性部分。因为艺术教育是在以艺术美育人，集中体现了美育的以美育人，发挥美对人的作用的本质规定，也以自己的艺术教育方式体现出美育的感性教育、情感教育和整个人的教育的根本特征。又由于艺术美是各种美中最具美意的理想形态的美，其美感效应最强、最普通、艺术活动最本质地体现为审美活动，因而艺术教育是学校美育中的最强而有力的一种美育。但从普通学校的教育实施和实践角度看，这种作为美育的艺术教育就不能仅仅停留在艺术本身的教育上，诸如艺术知识、艺术史、艺术创作、艺术欣赏和艺术技法、技能的基本训练以致达到会唱、会画、会弹、会演、会舞，等等，或者说不能如同艺术学校里艺术专业的艺术教育，而是要作为一种美育来教，即要教出艺术的美和体现这美的艺术意境、艺术品位，实现以美育人，发挥美对人的作用。柏拉图早就指出："要在进行艺术教育时必须找出形象曲调、唱歌和舞蹈中的美；如果找不到，谈教育（无论是希腊的还是蛮夷的）就没有用处。"因为这样的艺术教育在于育人，目的是完美人，属于素质教育。我国现代艺术教育家丰子恺就认为学校的艺术教育是一种"美的教育，情的教育"。他说："我教艺术科，主张不求直接效果，而注重间接效果。不求学生能作直接有用之画，但求涵养爱美之心。能用作画一般的心来处理生活，对付人世，则生活变化，人世和平。此为艺术的最大效用。"把艺术教育上升到以美育人的美育高度，这是对的，因为学校艺术教育在于直接培养专业的艺术家。这正如德国教育家福禄培尔所指出的："艺术和欣赏艺术成为人的一般能力或才能，我们应该在儿童期的始末注意儿童的艺术修养"，这"并不是说儿童必须专门学习艺术，并成为一个艺之家，而是说要使他懂得艺术并能欣赏艺术品""真正的学校教育，必须保证儿童不提出成为艺术家的错误要求"。这也就是说"不使每个学生在几门或各门艺术中成为艺术专家，而使每个人都获得充分的全面的发展，使他能看出人的普遍性和各个方面能力，更要使他领会和欣赏真正的艺术品"，"人是人类艺术的最高目的"。

然而这里也要看到，虽然是作为美育的艺术教育，但毕竟还是艺术教育，它的美育也不能不带有艺术教育的个性特征，否则就不是艺术教育的美育，而是其他什么教育的美育。艺术教育的一个直接目的是学生的艺术修养，这包括对艺术的感受能力和欣赏能力，如有了能感受音乐的耳朵和能感受形式美的眼睛。马克思说："对没有音乐感的耳朵来说，最美的音乐也毫无意义。""如果你想得到艺术的享受，那你就必须是一个有艺术修养的人。"艺术修养还包括更多地懂得艺术，诸如教一门艺术就要使学生懂得这是一种什么样的艺术，如京剧艺术教育，不仅让学生学会一两个唱段，也要感受到京剧的写意性，它的唱、念、做、打、舞，生、旦、净、末、丑，它的唱腔艺术和脸谱艺术乃至作为"国剧"的民族艺术精华所在等。当然也包括掌握某种艺术，诸如能演唱，能弹琴，能书画，等等。显然，这种艺术教育提高人的艺术修养与美的系统提高人的审美能力并不是矛盾的。这是与艺术的审美本质分不开的。虽然艺术修养包括许多具体的艺术方面的个性内容，但在本质上或深层内涵上也是一种审美修养。所以，也是作为艺术教育的美育所应有的。

这种艺术教育的美育或体现这种美育的艺术教育的实施主要是以下几项：一是各种艺术课程艺术活动，包括各种艺术小组活动和校艺术节。二是将社会的艺术活动引进校园，包括把名画展办到学校，请乐团、剧团、舞团来校内演出。三是组织学生走出校门观赏艺术和参加艺术活动，包括来美术馆参观画展、到剧院看剧、到音乐厅听音乐、参加大型的庆典艺术活动等。总之是使学生在校内外尽可能多、尽可能广地观赏艺术，参与艺术乃至创造艺术、表现艺术，从而使艺术教育和艺术教育的美育更丰富、更广泛，因此更强大、更有效，进入更高境界。

第三节　学校美育的完善和发展

中国当代学校美育有自己的理想追求和未来愿景，那就是美育自身要更健全、更卓越、更强大、更有魅力，使自身达到完美，成为完美的美育，从而能够在整个教育中更全面、更充分地实现美育自我，促使美育进入更新、更高的教育境界。在造就完美人的素质中发挥出更完全、更深远的育人作用。然而就当下学校美育的实际状况而言还远未达到这个高度，最突出的就是美育自身的不完善、存在着应存部分的缺失，既是教育的缺失，也是美的缺失，而且长期以来没有改变,更没有追求美育理想的创新发展,可以说是抱残守缺,停滞不前。正是这个意义上,我们提出学校美育的完善和发展问题。

而完善和发展最首要的是将缺失的补回来,把需要的应有的而又没有的建立起来。而缺失,从美育的以美育人、发挥对人的作用这一根本上说,美育不能容忍的缺失就是美的缺失或缺失美,特别是缺失那些最能影响美育健全和美育水平的重要的美的缺失,就更不能容忍。这从实际上看最缺少的就是自然美、时尚美和教育美三大种类,其中自然美、生态美或自然景观美是美育中的传统内容,理论上早有论定,却也是学校美育上最缺少的,这就要求学校美育要尽量多地创造条件组织学生走出校门到自然生态环境中去,更多地感觉自然美,发挥出自然美育人的巨大作用。时尚美,是当代的时代先锋意义上的时尚生活的美,包括网络世界、服饰、娱乐活动、广告等显现的美,这与学生的校外生活紧密相关,学校要有意识地将这种美拿来育人,进入美育,使学生能够感受到它的美,辨别它的美丑,从而能够远离那里的丑恶,这是现在的美育和未来的美育永远不断新生的且常育常新的重要内容,是越来越不可缺少的内容。至于教育美则是这里要特别关注的。

教育美是在美育的建设完善和创新发展意义上提出的一个美育的新概念、新范畴,同时也提出与其相关的"教育立美"这个美育实践的新命题。而且认为,对教育美的缺失,是美育的最大缺失、根本上的缺失。因此,教育立美、以教育美育人,不仅是美育自身完善、走向完美的根本标志,也是美育追求理想创新发展的重要体现。

实际上,长期以来在教育的理念上、理论上和实践上都没有涉及教育自身美不美的问题,教育似乎与美无缘,教育没有进入美的领域,不被当作审美对象,或者说人们也没有审美地看待教育,而作为教育中的美育,也只是拿教育之外的各种美(自然的、社会的、人的、艺术的)来育人,而没有意识到以教育自身的教育美来育人,似乎教育自身和包含在教育内的美育自身美不美都照样可以拿各种外在的美去育人,这也可以说教育自身不美甚至丑陋照样可以是实施美育的主体(严格说来,不美甚至丑陋的教育是没有资格成为实施美育的主体的,而且在本性上不美的甚至丑陋的教育是与美育格格不入的,本能地拒斥美育,就是有美育也是被排斥在边缘位置上,或者只是学校教育的门面、素质教育的点缀),这是一种极不合格、极不正常的教育情况,它也说明美育的最大的不完善就是教育自身没有美，从而不能以教育美育人。因此，为教育立美，生成并显现出教育美，既能够使美育可以用教育美育人，达到美育自身的完善，又能够使教育成为真正意义上的美育主体，以致使教育既可以用外在的各种美育人，又可以直接、普遍、经常以自身的教育之美育人，进而构成了教育的美育，也构成了美育的教育，达到了教育即美育，美育即教育，美育与教育一体存在、一体运作的美育充分实现自我的理想境界。所以这里的关键是教育立美。只有教育立美的完成，才能有教育美的出现，有教育美，才能有人的教育，这是以美育人的前提和条件。

所谓教育立美，就是教育为自身建立美，立是建设、树立和塑造，并且是由全部教育活动塑造教育自身实现的。教育活动既是育人的活动，同时也是重塑教育自身的活动，而这种活动应是按照教育规律和"美的规律"进行的活动，并且是能够将人类文明历史积淀下来的内在的美的尺度运用到教育自身塑造中去的活动，只有这样的活动才能成为教育立美的活动。这也说明教育美是教育活动塑造出来的，并体现在教育活动中，并且意味着教育美不是人为强加给教育的，或者说不是教育本原美，是将别的美赋予教育的，而是对人类的神圣的教育文明所天然固有的诗性美意的回归与张扬，或者说是将神圣的教育文明潜含的文明之美开掘出来，也是将不文明的教育所丢失的美、所掩盖的美、所亵渎的美重新找回来，进行彰显和光大。这是因为学校教育是人类发达的物质文明和精神文明的产物，学校教育的存活，就是在传承、延续和推进人类文明。人类在漫长的历史实践中发现和创造的一切文明及文化成果连同人类在实践中体验和感悟到的世界真理与人生真谛都在这里集成和整合，并能够在人类后代身上推进、发展和创新。没有学校教育，人类文明及其文化就会中断、凝滞和倒退。可以说学校教育就是人类的"文化园地"，文明的"绿洲"和文明人的摇篮。教育就是这人类神圣文明的象征。教育美就是这神圣文明的光环。所以，教育立美是最高的文明素质，拥有这种素质，才能使教育成为最神圣、最卓越、最精彩、最具教育力的教育，也就是达到了教育最高的理想境界的教育。黑格尔说："理想是本身充满的美而这样的教育才会充满教育魅力、亲和力和凝聚力，使教育连同学校成为一个令人向往的地方，乐于走进的地方。因为那里不仅能够给人以文化知识，帮助人健康成长和发展，而且也会给人以快乐、温暖和幸福。"

而如此的高素质高境界又是怎样构成和达到的呢？这就要看到这高素质高境界的深层内涵乃至它的核心、灵魂和支柱，而这些因素具体来说就是教育的"真"，教育的"善"，教育的"爱"，教育的"能"及它们的和谐统一。正是这真、善、爱、能以及它们的和谐统一构成了整个教育自身的高素质高境界及其显现了教育整体形象的美。所以教育立美具体所立的就是教育的真、善、爱、能以及它们的和谐统一，并使其充满整个教育，只要把它们如此地立起来，教育美也就立起来了。

真，是教育的智性品质，这一方面是指所教的各种文化知识、信息和理论是科学的、真实的，富有真理性，都是人类对世界（自然和社会）的客观规律和客观真理的发现、认识和论述及其历史积淀的文化知识成果，是自然科学和人文科学的真知灼见，并对所教授的内容充满着尊重事实、追求真理的科学精神，摒弃了各种迷信、荒谬、错误、谎言和伪造。另一方面是指教育者对科学文化知识的掌握是全面的、准确的、真实的，而对其传授也充满了真知灼见，是符合科学实际的，富有真理性，也充满了崇尚科学、坚持真理的科学教育精神，也就没有为了金钱利益而放弃真理的表现包括制造假知识、抄袭别人的科学成果和讲授的不实与错误等。在这里无知和错误、造假和骗人都是近于丑陋的。

教育的真，是教育美必有的基础和条件，在这里没有真就不能有美，因此，要弹奏出立美的教育交响曲，就必须首先奏响它的真理乐章。

善，是教育的德行品质，体现为崇高的教育人格，是指一切为了育人的合目的性的人文教育精神和行动。其核心和支柱就是"教育为人"，或者说教育为公乃是教育的大善大德。这就是把教育这种育人的事业视为一种为公的"公业"，那是人类文明的公，社会进步的公，国家民族发达强盛的公。正是这种育人为公，才导致忘我赴教、无私奉献、燃烧自己照亮别人的崇高教育精神的出现，才有教育的爱心和良知的真正唤起，从而才会有处处可见的为了育人而认真负责、一丝不苟的操作，为育人而废寝忘食、辛勤劳碌的身影，为了育人而斥责金钱贿赂、名利诱惑的一身正气。正是这些构筑起了崇高的教育人格、大善大德的教育品质，从而也消除了教育为私以致谋私的各种丑陋现象，使教育本身就是一种善的存在。

而教育的善，是教育美的前提和条件，也是教育美的重要内涵，因此塑造一尊最美的教育雕像，就不能不给它一副慈善的面孔。

爱，是教育的情感品质：教育的爱，是教育文明的情感标志。爱，是教育的灵魂，是育人的最高原则，没有爱，就不会有最好的教育。教育的爱，是一种博爱，大爱，仁爱，孔子说"仁者、爱人"（《论语·颜渊》），"泛爱众而亲仁"（《论语·学而》），这体现在对学生的爱超过对子女的爱，是对每一个学生的爱，是"有教无类"的爱。有了这种崇高的教育之爱，才会对每一个学生负责，对每一个学生的一生负责，才会对学生的教育倾注全部心血，才会为每一个学生的每一个进步和成功而欣慰，为每一个学生的每一个退步和失败而揪心。教育充满爱还体现在校长与教师、教师与教师、教师与学生、学生与学生之间形成一种以爱为纽带的和谐关系，充满了民主、平等、友谊、互助和团结，使每一个走进学校教育生活的人，都会感到这里有爱，有尊严的温暖和幸福。这也体现出爱的教育力量。这说明理想境界的教育必定要是充满爱的教育，由爱支配和驱动的教育，亦即成为真正意义上的"爱的教育"。

显然，爱本身近于美，也是美的条件和内涵，没有爱就失去了美的可能，立美要先立爱，因此真正的教育诗篇所抒发的感情必定要出自这教育的大爱情怀。

能，是教育的功能品质，也是教育力量之所在，体现在教育的高素质高能力高效果上，教育是直接育人的目的性和功用性的活动或者说是一种教育人的活动，这就必然体现出最好的教育要具有高超的教育能力，而这教育能力不仅说明具有很高的教育水平，更说明能获得很高的教育效果。教育效果是教育能力的目的性功用性标志和检验，效果不佳，是能力不高的表现。而教育效果直接见诸育人。例如，从这个学校出来的学生德智体美诸方面都很好，素质高能力强，不仅科学考试是人高分段的多，而且教育出很多对社会和人类文明有较大贡献的各界名人，成为"巨人"们的母校，这就可以说这个学校的教育能力强教育效果好，乃至教育水平高。之所以会如此，根本原因就在于教育乃是一种具有直接目的性的功用活动，因此，能就是它的好坏高低的重要标志。对美来说，能并不直接就是美，但却是美的一个重要条件和依据。在这里，无能无效，是近于丑陋的，不见能与美是相关联的。所以柏拉图说："有能力的和有用的，就它们实现某一个好目的来说，就是美的。"对此，鲁迅也认为："在一切人类所以为美的东西，就于他有用——为了生存和自然以及别的社会人生的斗争上有着意义的东西。功用由理性而被认识，但美则凭直感的能力而被认识。享乐着美的时候，虽然几乎并不想到功用，但可由科学底分析而被发现。所以美的音乐的特殊性，即在那直接性，然而美底愉乐的根柢里，倘不伏着公用，那事物也就不见得美了。"

因此，我们要选出的最美的教育巨人，就必须也是很有教育能力的人。

总之，教育完美，就要具体地立在教育的真善爱能之上，教育的美是由于它的作用而显现出来的，但是它们对于美的作用并不是分别的单一的作用，或者说它们哪一个都不能单独去构成教育的美，显现教育的美，而是它们必须是相互作用、和谐统一于整个教育整体之中，美是整个教育整体的美，是教育整体形象显现出来的，给人的美感。所以，立真、善、爱、能的同时更要立它们在整个教育整体之中的和谐统一，它们对美的构筑和支撑作用是在这个整体之中并通过这个整体发挥出来的。

而如此所立的美虽然是整体的，也必然要在构成教育整体的各个部分上体现出来。或者说教育整体的美，也是在构成这教育整体的各个部分的美共同显现出来的。所以教育之美必须首先是构成教育整体的各个部分的立美，教育立美是由构成教育的各个部分的立美共同完成的。而这至少要首先体现在以下几大部分上。

一、教师立美

教师是执教的人，是与教育同生同在的，有教师才有教育，有教育才有教师，教师因教育而得名。教师的美乃是教育美在教师身上集中、具体而又鲜活的体现，而教育美又只有教师美的出现才是最完满的。但也要看到教师的美又毕竟是一个人的美，也要有人的美的规定性，而且教师的美又是一般人的美的高层次的表现。因而，一个教师只有在"完美的人"和"完美的教师"同在，成为教师的典范时才能生成并彰显教师的美。教师的美只属于一个优秀的教师、典范的教师所拥有的完美形象。所以，教师立美首要的是立人，是立卓越的、典范的、完美的教师，人立则美立。

那么，具体来说要立哪些内容才能立起这样的人呢？这至少要包括以下几项内容：

其一，高尚的教育人格，这就是他视教育为最文明的事业，关心人类文明的延续、社会的进步和国家民族的未来命运的伟大事业，神圣的事业。他热爱教育，忠诚教育，为教育而忘我付出，辛勤劳作并且认真负责，严格要求，他的一切言行都是文明的，道德的，为了给学生以良好的影响，他不断地修己正身，以致如美国教育家博耶所说的"什么使些教师真正称得上'伟大'？就在于他们的言传身教……他们是光明磊落，诚实可靠的人。他们教的不仅是知识，还有自己"。正因为如此，他显示出巨大的人格魅力，成为一种不可替代的人对人的教育力量——以人格育人格的力量。他唤起和赢得了学生的敬重和喜爱，以有这样的教师为荣，从而唤起以教师为榜样的做人欲望和行动。

其二，爱的情怀，他拥有崇高而博大的爱的情怀，它出自一颗教育的爱心。他把这种发自内心的真诚而火热的爱全部倾注到教育中，倾注到每一个学生身上，正是这种爱的情感驱动着他对学生的教育行为，使他对学生的知识的传授、思想的教育、学习的帮助、行为的劝导、人生的启迪和理想目标的绘制等都充满了这种爱。有人说这是有如父母爱自己的子女的那种天伦之爱，而实质上这是博大的仁爱，人类之爱，正如罗素所说："这种爱具有拥抱全人类那种广泛的含义。"也正是这种爱促进了学生的进步和发展，同时也培育了学生的爱，使师生之间适应了爱的关系（这是提升教育水平的最重要也最难得的动力因素）。孟子说"爱人者，人恒爱之"（《孟子·离娄章句下》），教师实施爱的教育必定要获得爱的结果，而这取决于教师真正拥有爱的情怀，大爱情怀。

其三，渊博学识和大智慧，他有渊博的学识，对自己所教的专业学科达到全面精通的高度，不仅有深入而又坚实的学科知识基础，能准确无误高度熟练地驾驭教材，而且掌握大量相关的古今中外的文化信息，并有自己的真知灼见，他在学生的心目中就是本学科的学者、专家，问不倒难不住的大权威。他还拥有教育的大智慧和能力，无论在班级工作、学生组织工作中，还是在学校的教育生活中，遇到各种矛盾，难题事件无论是常有的还是意外突发的，他能够以高度负责的精神，冷静观察，深透分析，机敏而又灵活地处理，恰当而又公正地妥善解决，表现出一个教育者的大智慧和能力。而这样的教师就会收获学生的普遍信任、佩服和称赞。

其四，高超的教学能力，这体现为他的教学水平高，或者说他很能讲课很会讲课，他的课讲得好，很有教学魅力，学生很乐意听他的课，因此也很愿意学他这一科。这是因为他讲的课学生能够听得懂、学得会、记得住，而且能得到进一步学习甚至探索的兴趣和方法；他讲的课能够调动起学生的学习兴趣和热情，使学生能够进入主动参与积极进取且精力集中的学习状态；他讲的课形象生动又富有逻辑性，既有对话互动的活跃又有动口动手的乐趣。他讲的课给人以快乐，进入乐教乐学的最高境界。因而也取得了优异的教育成果，无论是各种检验还是升学考试的一科的学习成绩都是优异的，令人瞩目，老师也受到好评和赞扬。而这一切都说明他拥有高超的教学能力，而这种教学能力正是一个卓越的教师所必不可少的。

其五，文明的代表形象，这是作为一个文明人同时也是一个教师的外貌形象，带有抹不去的教育印迹。因为这是面对学生的形象，是直接出现并且经常出现在学生面前的形象，因而也是本身就有教育意义的形象，并且经常见之于教师的教育言行举止、表情和教学动作的动态表现。这形象虽然不可回避地显现着人的体形、脸面及其服饰的外貌，但也更内在更深层地显现出人的气质、风度和仪态，而这是一个高度文明的教育人的文化心理修养、教育人格、精神境界和审美取向决定的，是它们的外化表现。所以，这样的仪表形象具有自己的风格，自然而不雕饰，高雅而不低俗，大方而不小气，整洁而不繁杂，时尚而不是传统，文静而远离狂野。而这不是出于个人趣好的张扬，而是出于最高文明的必然和神圣教育的需要。也正是如此，这样的文明的仪表形象才不会让学生讨厌，以致敬而远之，而是得到学生的敬重，喜爱而亲近，以致成为效仿的对象。显然，这样的形象本身就具有审美教育作用。

总之，教师立美，在于生成和显现出教师的美，而只有在一个教师身上同时立起这五项内容并交融一体才能由他的整体形象显现出他的美，因为这五项内容交融一体就能构筑出一个完美的教师、典范的教师。而教师的美，就只有这样的教师才能拥有。

二、教学立美

教学，是整个教育中的具有实体性和主干性的核心部分，没有教学，教育就可能只是一个空壳。所以，教学立美，如果没有教育立美，就是不可能成为实现的。

而教学立美，实质是立教学本身的美，而教学又是一种有目的的功能性教育活动，是指由教师主持，学生参加，在特定场合特定时间里完成的一堂课的教学活动。这一课堂教学的美，不是给它贴上美学的标签，而是由教学活动本身生成并显现出来的。那么怎样的教学才能产生并彰显出它的美呢？应该说在不同学校不同年级不同学科的教学是有所不同的，而作为学校教育中的教学的一般性和共同性，那就是只有当它成为一堂卓越的、高境界的教学时，才能拥有它的美。教学的美，就只属于这样的教学。而一堂教学又凭什么能成为卓越的高境界的教学呢？那就是凭借着它达到了它的成功，它的精彩，它的艺术，它的快乐的高度，而这成功、精彩、艺术和快乐并不是教学的哪一方面分别单一达到和表现的，而是整个教学活动整体达到和表现的。因此，就学校教育的教学活动的一般性和共同性来说，能够成为一堂成功的、精彩的、艺术的、快乐的教学亦成为卓越的高境界的教学，都有它的功能优势，包括方法、方式、形式和手段上的优势，或者说正是这些优势造就了它的成功、它的精彩、它的艺术、它的快乐，把它推上卓越的高境界的宝座。而这些优势就其最主要的最起作用的也最有普遍性的而言，至少要包括如下几项内容。

其一，生动的形象直观。这是指出现在教学中的生动的感性形象直观，目的在于唤起形象感的感性认识和兴趣，出现审美认识连同进入它的想象和形象思维，并以此导入、激发和推进教学内容中的知识理性认知和抽象思维和逻辑思维活动。这是一种诉诸感性直观的教学。它要求在进行学科课堂教学进入实际内容时要首先出示相关的感性形象，它要鲜明生动、吸引人，强烈地打入学生直观的直觉感受。这形象是为教学所用的，它或是一个电视画面，或是一幅画，一个乐曲，或是黑板上的演示图，或是拿上来的实际形象，等等，它们与所教学的科学内容是相关联的，或是它的某种暗示，或者是它的某种形象讲述，或者让人能够联想到它。这种形象教学的优势在于能够由感性认识进入理性认识，这符合认识规律和接受规律，在于能够唤起学习兴趣，激起积极情绪和注意力使思维活跃起来，进入最佳状态，这对于儿童和少年们学习是很重要的。俄国教育家乌申斯基说："这种教学，不是建立在抽象的观念和词的基础上，而是依据儿童所直接感知的具体形象……教学是建立在它的基础上。"显然这形象教学是达到教学目的成功的教学所不可缺少的，因为这种教学唤起的感性形象的审美认识，不仅对教学中的知识理性及其逻辑思维具有对学生引导、激发和推进的作用，而且对整个人的心智都有作用，并是深远的，正如德米特里耶娃所指出的："虽然审美认识也是一种理智的认识，但这种认识永远是通过感情上的向往，通过情绪来完成的，这种情绪以不可抗拒的支配力量抓住人的整个心灵。并且它发生在顺序地展开的逻辑思维之前，往往预定着思维和意志的方向（即也决定道德行为）。"这就决定了教学能够在智性和人的教育高度上获得达到目的的更大成功。

其二，始终的情感激励。这是指在学科教学中始终倾注着情感，发挥着情感的激励作用和沟通作用，并建立起对教学来说最可贵的情感环境和氛围，这无论是对教还是学都有不可替代的促进作用。这种情感，一是指教师对所教的内容所有的情感和教它所倾注的情感投入的肯定，包括热爱之情、兴趣之情、赞美和陶醉之情乃至对其真理性和高尚性的崇拜之情，正是倾注了如此情感，所以在教学过程中就不再是纯客观地不动声色冷冰冰地介绍、叙述和传达，而是带着情感讲，讲的过程也表达着自己的感情，甚至成为一种激情教学，这本身就有极强的感动力、感染力、激发力，发挥着对学生的激励和鼓舞作用。德国教育家爱斯多惠说："教学的艺术不在于传授的本领，而在于善于激励、唤醒、鼓舞。"二是指教师自身发自爱心的对学生的关爱之情在教学中的体现，这一方面是对每一个学生（特别是有困难，遇到障碍的个别学生）的关爱之情，以致给以真诚的爱和帮助，使学生体会到教学的温暖，激发起学习的热情和勇气；另一方面是以这种情感沟通师生关系，消除隔阂与矛盾，建立了融洽、亲和的师生关系，使学生能够以没有压力的放松的心态积极学习，促进了学习水平的提高和心智的发展。因此罗素说："在教师缺少爱心的地方，无论是品性还是智力都不会得到良好的或自由的发展。"可见发挥情感的作用，是达到目的的成功教学所不可或缺的。

其三，活跃的对话互动。这是指课堂教学中的教师与学生的对话和互动的教学方式。它体现了教师与学生的平等地位，教师尊重学生的教和学生有尊严的学，也体现了师生共同参与教学、共同体验教学及其在教学中的相互长进。因此这种教学方式以教师尊重学生个人主体的自主、人格和尊严为前提，一切教学目标和任务的达到与完成，最终都要体现在他们身上，在教学中教师是为他们服务的，他们是接受者也是一个能学习的主体，因此，对话与互动，要求教师改变自己不再是高居讲台之上自我独尊的大讲特讲，学生只是一动不动地听，成为一个"接收器"，而是要走下讲台，走进学生中与他们进行对话交流，共同讨论与探索，一起动口动手的共同体验，这就使学生找回了失落的主体性和尊严性，从而调动起学生的学习主动性、积极性乃至学习的热情和兴趣。同时，这样的对话互动也使课堂教学更活跃更生动起来，增添了教学的活力和它带来的快乐。可见对话导致学生主体性和尊严感的复兴，这对于成功的教学是何等重要，这正如苏霍姆林斯基所指出的："只有教师关心学生的人的尊严感才能使学生通过学习而感受到教育。教育的核心，就其本质来说，就在于儿童始终体验到自己的尊严感。"

其四，精湛的操作技艺。这是指教师在教学中对教学内容教授的操作技术以达到一种艺术的高度，成为一种教学艺术。它体现出高超的教学能力，它不仅能使教学更精彩、更艺术、更有魅力，更能极大地提高教学效果，使教学获得成功，而这种精湛高超的教学操作技艺并非凭空产生的，而是在长期的教学实践及其经验中形成的。它首先来自对学科教学内容的准确、全面、完整的掌握，并能烂熟于心，这样对它的教学操作就能做到心中有底，产生自信力，而自信力永远是高超技艺的内在支柱。这样才能有运用自如，游刃有余，接近自由的操作，才能有对内容的准确、深透而生动精彩的分析，描述和讲解，乃至高度熟练地操作实验和各种演示，而不再有那种小心地照本宣科，匆匆地宣布答案，头也不抬地读教材或自己的教案，那样是没有什么技艺可言的。其次来自准确、清楚而又生动感人的教学语言，这不仅体现在教学内容陈述，分析和形象描述上，也体现在组织教学和对话上，那语言富有修辞艺术和语言魅力，不仅是普通话，而且声音语调亮丽动听使听者感到是在享受着语言的交响诗、交响乐。而这样的教学语言永远是教学技艺的忠实助手。再次来自过硬的学科专业技能，诸如语文的朗读和板书文字书法，教学的板演算式与分析语言、物理化学的实验演示，美术的运笔用墨的绘画技能、音乐的演唱与使用乐器，体育的示范动作，等等，都到达运用自如，熟练而精湛，完全是行家里手的表现，而这本身就是教学操作技艺的一部分。最后来自亲自制作各种教学课件及用具的熟练操作技术。诸如为了配合特定的教学内容而在课堂上设置和使用的计算机、电视、投影仪、挂图、表格、实物标本等的操作运用的技术，有了这种技术，就能准确无误地操作使用，导致它们能够在整个教学中不前不后、不多不少、不长不短恰到好处地发挥它们应有的作用，并且与其他教学部分浑然一体，否则，使用它们出了故障，诸如计算机失灵，电视画面消失，学生一片哗然，或使教学中断，或请修理人员等，那就构成了教学事故，使教学失去完美，这也是教学技艺的一大败笔。

如果上述四大优势在一个课堂教学中同时出现，那就必然会使这一教学达到它的成功，它的精彩，它的艺术，它的快乐，成为卓越的高境界的教学，而这样的教学就会生成并显现出它的美来，给人以美感。其具体情况就有如我国著名小学教育家斯霞老师所描述的那样："听一位优秀的小学教师上课，就是成年人也会被吸引，也会被活跃的课堂气氛所感染。一堂课听下来，便会觉得是一种极为愉快的美的感受。因此许多人认为小学教育，不仅是一门科学，也是一种艺术；优秀的小学教师，不仅是教育家，也是艺术家。"

三、环境立美

这里的环境是指学校的校园环境，校园是整体学校教育的栖身之所，是教师从事教育，学生置身学习的地方，这环境（包括构成它的校门、校训碑、教学楼、图书馆、体育馆、艺术馆、大操场、草坪、园林、花坛、墙面装饰、雕塑等建筑和设施）是因教育而设立为教育而存在，本身就具有教育作用，是整个学校教育不可替补的组成部分，同时也是学校的门面，学校的形象，感性直观地显示着学校的文化品质和风格，显示着学校的教育理念和审美取向。因此学校教育立美就不能不包括校园环境立美，或者说就不能不体现在环境立美，尤其在教育立美在于学校美育的完善和发展的意义上看，它就更为重要，它实质是在建立以环境美育人的环境美育。实际上，蔡元培很早就说过学校美育"除适当之课程外，尤应注意学校的环境，以激发学者清醇之兴趣，高上之精神"。

因此，这些环境中的建筑物就应该"按照美的规律来建造"使它既是一个教育的实用物，又是一个建筑艺术品，有造型、色彩的美感，又有层层的节奏感和整体的飞动感，成为一种所谓的"凝固的音乐""建筑的雕塑"；那拥有树林、绿草、山水、小桥、亭台和雕像的校园园林，则体现了中华民族的人文文化品质和审美趣味，那路边、墙壁、走廊上的各种绘画、书法、剪纸等都体现了环境的艺术化和审美化；那环境中几乎处处都有鲜花的亮点。丰子恺曾说过："青年因花而直接陶冶美的感情，又间接影响于道德，无论家庭学校，凡青年居住的地方，皆宜种花，这是艺术上最有价值的事件……艺术教育发达的校园内的栽植和宿舍内的花卉布置，是极郑重从事的。即使在教会里，地面狭窄的学校，也必设有小巧的花台或窗头的盆栽。在实利的人看来以为是虚饰，独不知这是学生精神的保护者。"

这里还必须指出的是，环境的干干净净、整洁与清新，因为对环境来说清洁已经是一个美的因素。实际上环境无论怎样的美观，也无论它是在校园内还是教室里，只要是变得脏乱破旧，盖满灰尘，就不再那么美观了，给人的不再是美感，而是一种丑陋感，它给人的情感和心灵的作用就只能是一种污染，而这是学校教育所不能容忍的。其实美育专家苏霍姆林斯基早就指出："我们从孩子们的童年早期就让他们懂得：讲台上不铺漂亮的台布，地板上布满灰尘，墙角里有蛛网，在这地方上课是不可思议的。"

此外还有一点，那就是要考虑到环境的各个物件、各个部分、各个因素的建设与存在是在于构成一个环境结构、环境大系统和环境三维空间，也就是为构成环境整体而存在的。这就不仅要考虑它单独自身的美，更要考虑到它占多大的地方，放在整体的什么部分才更能构成环境整体的美，因为环境美是由整体的环境结构，整体的环境空间，整体的环境气象，整体的环境气氛显现出来的，而不是哪一个构成物单独显现的。所以，环境的整体布局十分重要。而事实上，是构成了这样一种整体的环境，才使它成为一种教育美的存在，它是一种直观的美，一种无言的美。也正因为如此，当人一走进这个环境就会感到是进入了一个美境，在静静地与它进行着情感的交流、心灵的对话，使人感到心情舒畅，原有的心理压力减轻了，紧张的情绪缓解了，感到各种精神上的束缚被慢慢解开，进入了一种自由、快乐的状态，唤起置身这种环境中的幸福感，进而是对这环境的热爱和珍惜。以致在离开学校的漫长岁月中始终不能磨灭的就是对这环境的印象。在未来的对学校教育的回忆中这环境总是不能缺少的，也总是津津乐道的。

第四章　学校美育的任务、内容与途径

学校美育的根本目的，在于同德育、智育、体育、劳动技术教育相结合，培养全面发展的社会主义建设人才。美育的具体任务，在于培养青少年形成正确的审美观，提高他们的审美能力。美育的内容主要包括艺术美、社会美和自然美，三方美育的途径不是靠单独设立一门课程，而是要通过艺术学科及其他各科的教学来进行。

第一节　学校美育的任务

学校美育的首要任务是培养学生具有正确的审美观，同时还要培养他们对自然美、社会美和艺术美的审美能力。

一、培养学生具有正确的审美观

学校的审美教育，应当培养学生具有正确的审美观，让他们能够泾渭分明地去辨别什么是真、善、美，什么是假、恶、丑，能够正确地看待审美对象的形式美和内容美的关系，懂得把人的心灵美、语言美和行为美放在第一位，而把仪表和外貌的美放在第二位。在审美教育过程中，应当教育青少年用辩证唯物主义观点，去看待生活和艺术的美，对美的本质有比较恰当的理解，认识到美的形象性、进步性、实践性，了解美不是凝固抽象的概念，也不是一成不变的现象。

人类的审美观、审美意识是在长期的社会实践中形成和发展的，并形象地积淀在从古到今的文学艺术作品中。马克思在《1844年经济学哲学手稿》这部著作中指出，人类在社会实践中进行自由的、合目的的创造性劳动，即"按照美的规律来塑造"。他还说："因此，正是通过对对象世界的改造，人才实际上确证自己是类存在物。这种生产是他的能动的、类的生活。通过这种生产，自然界才表现为他的创造物和他的现实。因此，劳动的对象是人，人不仅像在意识中所发生的那样在精神上把自己化分为二，而且通过活动，在实际上把自己化分为二，并且在他所创造的世界中直观自身。"审美教育，就是让学生在对艺术、社会和自然的审美过程中，了解到人类的社会实践的特点，逐步掌握"按照美的规律来塑造"的劳动观点，继承并发展人类的审美观念、审美理想，更好地创造未来。

如何培养学生正确的审美观呢？

首先，在美育过程中要坚持理论与实践相结合的原则。学校美育，不能离开马克思主义的美育理论的指导，只凭经验办事，停留在零星分散的审美欣赏、文体活动中，也不能离开丰富多彩的与美育有关的课堂教学活动和课外活动，单纯进行抽象的美育理论、审美观念的灌输。例如，如何正确看待形式与内容、仪表美与心灵美的关系，就可以结合对艺术美和社会美的欣赏活动，穿插讲解有关理论观点，让学生在愉快的审美活动中、在理解的基础上接受正确的审美观点。

其次，要坚持美育与德育、智育、体育和劳动技术教育相结合的原则。在学校教育中，音乐、美术、文学是直接对学生进行审美教育的学科，这些学科的教学活动，不是单纯地传授知识，也不是单纯的艺术美欣赏，而是应当综合发挥其教育功能。其他各门学科的教学活动，都与美育有关，都应当通过美的教学形式，体现"真"和"善"的教学内容，实现培养全面发展的美的人才的目的。在此基础之上，学生的审美观才会更牢固地培养起来。

最后，要坚持循序渐进、潜移默化的原则。学生的审美观不是一朝一夕就能树立起来的，必须从小抓起，从幼儿园和小学阶段开始逐步培养。学校不是在真空里，学校教育也会受到社会风气和思潮的影响。学校的审美教育，应当借助社会上好的风气和进步思潮，配合教学活动对学生一步步进行教育，发挥美育潜移默化的育人作用。

二、培养和提高学生的审美能力

我们要通过审美教育，不断提高学生的审美能力。一个人的审美能力，是由多方面的因素构成的，主要包括审美感受、审美欣赏、审美评论、审美创造四个方面的能力。

所谓审美感受能力，指审美者凭借他的感觉器官从形式上去感受美的能力。比如，一幅山水画、一首动听的乐曲，它首先在色彩、形态、乐音等方面给人美的感觉。这种美的感觉，是需要后天培养的。缺少美育的青少年，往往对许多美好的事物缺少这种审美感觉能力，特别是对音乐、美术、体育和文学中的许多美的形象缺少感受能力。

人的审美是为了美的享受，但这种美的享受，要在人们具有审美感和审美知觉以后才能获得。人的耳朵能听到声音，眼睛能看到颜色，鼻子能嗅到气味，皮肤能感到冷热，舌头能尝到咸甜，但这只是单纯的生理感觉。因为声音有乐音和噪声之分，颜色有浓淡之分，气味有香臭的不同，要分辨这些，凭生理的感觉是不行的，一定要有审美感或审美知觉才能分出美丑、好坏。同是一支名曲，有人喜欢听，有人不喜欢听；同是一幅名画，有人看到赞不绝口，有人却弃之不顾；同是一个风景区，有人为其所陶醉，有人却闭眼不看。这是我们所常遇到的。这就是有无审美感或审美知觉的区别。但审美感和审美知觉不是天生的，而是通过一定的审美教育养成的，是在感性知觉的基础上发展起来的。只要有感性知觉经常与美的事物和艺术品接触，审美知觉就能培养。否则，不管你有多大本事都不能使盲人去辨别花的美丑、使聋人去评赏音乐。审美感和审美知觉虽是可以培养的，但都会受到种种社会因素的制约与影响。如社会关系中不同地位、不同民族、不同宗教等都会给人以影响。因此，我们在进行美育时应注意排除那些消极的影响，使审美感能按健康的方向发展。

所谓审美欣赏能力，指审美者凭他的生活经验、艺术修养和审美趣味，有意识地对审美对象进行观察和品味，从中获得美感和乐趣的一种能力。这种审美欣赏能力，主要指对文学艺术作品的欣赏能力。

审美欣赏能力要靠后天的培养。一个未受过教育、缺少艺术修养的孩子，就不具备欣赏音乐的耳朵或欣赏图画的眼睛，对曹雪芹的《红楼梦》、巴尔扎克的《人间喜剧》、托尔斯泰的《战争与和平》《复活》等长篇小说就更无法进行欣赏。

审美欣赏的重要一环是通过由表及里、由感知到理解的审美过程，获得美的享受。审美是一个复杂的过程，和审美感受、审美趣味、审美理想都有关，是主、客观的统一。

当我们接触到一件艺术作品、社会事物或自然景物时，审美对象的审美价值给自己以影响和感受，从而使自己对它做出评价并获得审美知觉的满足，才算获得了美的享受。

所谓审美情趣，就是人们对审美对象所抱有的感情与兴趣。比如，对中国书法艺术有兴趣的人，他看到各种书法作品就会饶有兴趣地欣赏品味，一撇一捺、一笔一画都仔细地观察，从中获得美的享受。若是对中国民族音乐感兴趣的人，当电台播送广东音乐或是闵惠芬的二胡独奏时，他就会驻足聆听，那一弓一指、一揉一抹，都能激荡他的心弦，令他陶醉在优美的旋律之中。对学生来说，通过音乐、美术和体育课的学习与训练，可以培养他们的音乐美、绘画美和运动美的情趣。此外，通过语文课中大量的古今中外优秀文学作品的学习，也可以培养他们对文学艺术美的浓厚的情趣。

审美理想，是人们关于真善美的理想生活、理想人生和理想事物的审美评价和审美追求，它受人们的社会理想制约。我们应当在美育实践中，不断培养青少年的审美理想和审美欣赏能力。

所谓培养审美评论能力，主要是培养对艺术的审美评论能力。因为艺术美是生活和自然美的集中反映。如果一个人在艺术上有了很高的审美评论能力，同时也会具备对生活和自然的审美评论能力。

一个人的审美评论能力是由哪些条件决定的呢？主要是思想水平、生活阅历、艺术修养和艺术欣赏的经验。因此，要提高青少年的审美能力，就要从以下几个方面入手：

要提高青少年的思想水平，就要让学生学好马克思列宁主义，努力掌握人类在长期的社会实践中所积累起来的丰富的知识，并要不断提高学生的思维能力，养成独立思考的习惯，对掌握的知识要能够灵活运用。

要丰富青少年的生活阅历，就要努力扩大他们的视野，利用假日组织学生参观游览，不能让学生只是从家门到校门，一点也不接触工农业生产和生活实际，只是埋头在几本书里。祖国的大好河山，自然界丰富多彩、千姿万态的动物植物，都应让他们多看看。组织参观游览活动的原则是，不要影响正常的教学活动，更不要影响学生的身体健康，一定要让青少年感到身心愉快，收获美的享受。

要加强青少年的艺术修养，除了大力提高音体美和语文课的教学效果外，还要积极开展形式多样、丰富多彩的课外文体活动，开办各种专题讲座，经常指导课外阅读，并以墙报和黑板报为园地，刊登青少年自己的文艺作品和文艺评论文章。这样，学生的艺术欣赏评论的能力就会不断地提高。

所谓审美创造能力，包括艺术美、科学美和生活美等多方面的创造能力。有无审美创造能力是人跟动物的区别之一。人在劳动过程中，充分发挥自己的主观能动性，认识、掌握客观事物的规律性，使自己由必然王国进入自由王国。因此，人不是自然的奴隶，而是自然的主人。人的劳动的突出的特点在于它的创造性。教育就要培养有创造性能力的人。苏霍姆林斯基说："一个人不从事创造性活动，就不可能成为有教养的人。""创造性不是知识的总和，而是智力活动的一种独特的目标。"在苏霍姆林斯基看来，创造性比知识重要。实践说明，一个人读到大学毕业不一定就达到了创造性活动所需要的发展程度。培养创造力，方法、途径是多种多样的，艺术创作固然可以培养创造力，但最根本、最重要的是社会实践。我们应该通过多方面的社会实践，来培育青少年一代的审美的创造性能力。

第二节　学校美育的内容

自然、社会生活和文学艺术，是人们的三大审美对象，也是学校美育的主要内容。自然、生活和艺术的美，具有不同的构成因素及其特征。人的美，是构成生活美最主要的因素。在一个人的身上，集中了自然、生活和艺术的美。历史和现实生活中的优秀的先进人物，是进行审美教育的最重要的内容。这是因为人是社会关系的中心。

一、艺术美

各种各样的文学艺术作品，如小说、诗歌、散文、电影、戏剧、雕塑、音乐、绘画等，都是文学艺术家对社会生活和自然界进行审美的"结晶"。同时，这种审美的"结晶"又形成一种特殊的审美对象，供人们欣赏和评鉴，是学校美育在课堂教学活动中的主要内容。

艺术同生活和自然相比，有什么不同呢？这种不同主要表现在如下三个方面：

艺术美"高于"生活，自然的美。艺术不是生活和自然简单的反映，不是对生活和自然不折不扣的照抄和模仿，而是一种创造性的集中概括的反映。鲁迅说："所写的事迹，大抵有一点见过或听到过的缘由，但决不全用这事实，只是采取一端，加以改造，或生发开去，到足以几乎完全发表我的意思为止。人物的模特儿也一样，没有专用过一个人，往往嘴在浙江，脸在北京，衣服在山西，是一个拼凑起来的角色。"（《鲁迅全集》）鲁迅这里所说的"拼凑起来的角色"，就是艺术的典型形象。高尔基也说过，单凭对"一个人的成功的写真"，"在扩大和加深我们对于人及对于生活的认识上，它差不多是没有一点用处的。但是假如一个作家能从三十个到五十个，以至从几百个小店铺老板、官吏、工人中每个人的身上，把他们最有代表性的阶级特点、习惯、嗜好、姿势、信仰和谈吐等等抽取出来，再把它们综合在一个小店铺老板、官吏、工人的身上，那么这个作家就能用这种手法创造出典型来，——而这才是艺术。"（《论文学》）正因为如此，艺术典型的"美"或"丑"显得更集中、更突出、更鲜明。不过，艺术典型的"美"并不一定是生活原型"美"的累加，不是只写优点，不写缺点。典型人物的"美"不在于如何把人物写得完美无缺，而要视其典型环境中的典型性格是否刻画得成功。

艺术美还显示文学艺术家心灵的美。因为，文学艺术作品好比是这样一个产儿，既像它的父亲——作品所真实描绘的社会生活和自然界，又像它的母亲——作品所自然流露的作者的思想感情和艺术风格，如杜甫诗"三吏""三别"，既是对唐代安史之乱生活的真实反映，又渗透着诗人对社会生活中的人物与事件的感情、观念和思想倾向性。因此，文艺作品中的生活、人物和自然景物，同客观存在的社会生活、人物和自然景物是不同的。再如清代扬州八怪之一的郑板桥，是个画家、书法家，又是个诗人。他一生中最爱画兰草、竹子和石头这三样东西。他为什么喜欢画兰、竹、石呢？他在一首题画诗中写道："一竹一兰一石，有节有香有骨。"这正是他自己心灵的写照。郑板桥认为，一个人是应当有节气、有品德、有骨气的。他笔下的"艺术之竹"决不同眼中的"自然之竹"，因为"艺术之竹"显示了画家心灵的美。

艺术美还应当讲究艺术本身的形式美。艺术对生活和自然的反映及作者本人心灵的写照总要通过一定的艺术形式表现。如诗歌、小说、绘画、音乐，都有不同的艺术形式和表现技巧。艺术形式是为表现内容服务的，形式不能离开内容而独立存在，但是艺术形式的美，却有相对的独立性，可以给人特殊的美感，缺少艺术修养的人，往往不能欣赏艺术形式的美，只能欣赏艺术所反映的某一部分生活美或自然美。因此，要深入欣赏艺术美，一定要加强艺术修养。此外，还要注意到，不要过分追求艺术形式的华美，而忽视了内容。比如有些诗歌散文，尽管语言铺排富丽。但是内容空虚，感情不真挚，还是不值得让人欣赏。艺术形式的美和思想内容的美一定要统一起来。

正因为艺术美有上面三个特点，所以艺术美与社会生活美和自然美是显然不同的。这也就是说，艺术品所反映的生活和自然的美与丑，并不能决定艺术本身的美与丑。如果说生活和自然是美的，体现它们的艺术作品一定是美的，那么画画的，都去画西湖风景、桂林山水，作曲的，都一味追求曲调悦耳动听，写小说的，都一律写雷锋式的英雄，难道这样的艺术品都一定是美的吗？其实不然。

1930年春天，鲁迅到上海中华技术大学去讲演。讲演的内容是关于美与不美、真假艺术的区别。他讲演时，黑板上挂了两幅画：一张是法国画家米勒的《拾穗者》，另一张是英美烟草公司的商业广告月份牌，上面画着一个时髦的上海女郎。鲁迅说，前者单纯、朴素，没有用什么精细的工笔描写，但是它深刻动人，内容很美，是真正的艺术品；而后者尽管精工细描画的是美人，却没有深刻的社会内容，一点也不美，它不是什么艺术品，而是一幅庸俗的商业广告。

在过去的中外文学史上，许多优秀的文学艺术作品反映的多是生活的悲剧、忧愁或愤慨的情绪。古代社会的生活，对受压迫受剥削的人民来说，不能算是美的。但是，古代的诗人作家站在同情劳动人民的立场上反映人民疾苦的文学艺术作品，如《诗经》中的《伐檀》《硕鼠》、汉乐府中的《东门行》、白居易的《卖炭翁》、杜甫的"三吏""三别"等，却总具有艺术的美，可以供人欣赏。在社会生活中，盗窃杀人犯总是丑恶的，可是昆剧《十五贯》中的娄阿鼠经过演员的精彩表演，在丑角身上显现出正义的人性，从而使我们也可以看到艺术的美。由此可见，艺术的美，主要决定于文艺作品思想性的深浅新旧和艺术性的高低，而悲剧的生活内容和完美的艺术形式的统一，又是中外文学史上许多艺术美的共同特征。这是我们在艺术欣赏中需要重视的。

二、社会美

学校美育的第二项主要内容是社会美。

社会生活美的构成因素十分复杂。如果细分一下，也可以分出很多种类，如物质生活、精神生活、家庭生活，都属于社会生活的内容，都能给人以美或丑的感觉。

在社会生活中，人与人之间结成一定的社会、阶级、亲友、同事或同学的关系。人，既是审美的主体，同时也是审美对象。一个人，每天都在对他人他事他物进行审美，同时他自己也得每天修饰打扮自己，检点自己的言行，接受别人对他的审美。"人美"是社会生活"美"的集中反映。我们要判断一个国家、一个民族、一个地区的社会生活美不美，主要看那儿的人从仪表、语言、行为到心灵美不美。我们若要使自己周围的社会生活美起来，当然也得先从"我"做起，先使每一个人"美"起来，才会有社会的"美"。

在社会美育过程中，应教育学生正确认识社会的物质生活同精神生活、个人家庭生活和社会政治生活的关系。因为，现在社会上有不少青年人，只注意追求物质享受和个人小家庭生活的美满，忽视崇高的精神生活，对社会的政治生活漠不关心，或者抱有不正确的狭隘片面的看法。

人同动物比较，其区别就在于人除了丰富的物质生活外，还有高尚的精神生活。蜜蜂、鸟雀，也有它们的"安乐窝"。人，通过自己辛勤的劳动，建设美满幸福的小家庭。这本来不是坏事。但是，人毕竟不是动物，除了物质生活之外，还应当有精神生活，主要包括参加社会的政治活动和科学研究，其中包括对各种文学艺术作品的创作与欣赏活动。一个思想崇高、襟怀博大的人，总是把他的精神生活看得重于物质生活。历史上那些伟大的政治家、思想家、军事家、科学家和文学艺术家都是如此。有的人，尽管物质生活很艰苦，可是有高尚纯洁的精神生活，他从为人民大众的科学研究和艺术创作活动中取得了无穷的乐趣。因此，尽管在艰难困苦的条件下，他仍然感到自己的精神生活很美。相反，历史上那些剥削阶级的代表人物，过着穷奢极欲、灯红酒绿、纸醉金迷的物质生活，可是精神生活却十分空虚。他们甚至感到活在世上没有意思，只能今朝有酒今朝醉，过着醉生梦死、毫无意义的个人生活。我们能说这样的生活美吗？

鲁迅先生写过一首题为"自嘲"的著名诗篇：

运交华盖欲何求？未敢翻身已碰头。

破帽遮颜过闹市，漏船载酒泛中流。

横眉冷对千夫指，俯首甘为孺子牛。

躲进小楼成一统，管它冬夏与春秋。

鲁迅先生为什么不继续在北京、厦门、广州等地当大学教授？为什么不安于过舒适的生活？这一首诗是很好的说明。鲁迅还说过这样的话，"一个独自的生活，决不能常往安逸方面着想的。岂但我不穿棉裤而已，你看我的棉被，也是多少年没有换的老棉花，我不愿意换，你再看我的铺板，我从来不愿意换藤棚或棕棚，我也从来不愿意换厚褥子。生活太安逸了，工作就被生活所累了。"鲁迅的精神是值得我们学习的。在他看来，不关心国家和民族的存亡，苟活偷安的生活是"丑"的，为了振兴中华、人民的解放，尽管自己"破帽遮颜"，冒着被逮捕的危险，他还是"躲进小楼"，写出一篇篇投枪匕首一样的战斗的杂文。他认为这样的生活是最"美"的。

三、自然美

学校美育的第三项内容是自然美。

自然界一切客观存在的、非人为创造的东西，从审美角度来说，都统称为自然美。人类赖以生存发展的大自然，是极其丰富多彩的，如果把自然美细分一下，名目也十分繁多。红日明月，盛天繁星，是天体的美；树木花草，是植物界的美；鸟兽虫鱼，是动物界的美。

自然美同生活美和艺术美比较，有其特殊性。社会生活和各种艺术，都是人创造的，而自然美的客观物质因素——大量的宇宙间美不胜收的自然景物，是自然本身发展变化的结果，并不是人创造的，如雄奇壮观的黄山风景、桂林山水、长江三峡，它们形成的年代已有几千万年或上亿年，而人类的历史只有几百万年，有文字记载的文明史不过几千年。长江三峡那204公里的峡谷，两岸高峰插天，江流湍急，势如万马奔腾。据地质学家考察，一亿年前，长江的上游——金沙江还是一条内陆河，因被巫山所隔，同现在的长江下游互不相连。后来，四川盆地被抬高，而巫山以东的"长江"，又向上源不断侵蚀，终于切穿山峰，上下游才连接成一个水系，这才造就了举世闻名的三峡奇观。

然而，自然景物离开了人类社会也谈不上美与不美。我们为什么感到许多自然景物很美呢？这是因为自然界的一切同人类的社会生活是紧密联系在一起的。例如，人要生活，就要有阳光、水分、空气和物质资源。地球之所以被称为"最美的星球"，就是因为地球上有适度的阳光、水分和空气，有茂密的植被和各种生物。月球上缺少空气水分，晚上背阳的一面冷到零下二百多度，是名副其实的"广寒宫"，在月球上，到处一片荒漠，万籁俱寂，我们若坐宇宙飞船登上月球看一看，那眼前的景物绝不会如神话那么美丽动人，简直有点令人毛骨悚然。天堂其实不在天上，正在我们生活的地球之上，只有在中秋之夜，月亮作为人间幸福生活——全家团聚的一种象征，地球上山川景物美的一种陪衬，它才是美的。

人类自古以来就生活在大自然中，我们不能割断生活同自然的联系来谈论自然美。随着社会历史的不断发展、科学技术的进步、生产力的提高，人类征服自然、改造自然的本领越来越大了。出现了越来越多的"人化的"自然，如农田、水库、水渠、防风林等，同时还出现了越来越多的式样新奇、功能各别的人造建筑物，如房屋、桥梁、水闸、高压电塔，等等。这种"人化的"自然和建筑物，与非人化的自然景物错综复杂地交织在一起，构成了社会生活美的物质因素。人类在征服自然和改造自然的体力劳动和脑力劳动中，五官的感觉能力和大脑的思维理解力也随之发展深化，在生产物质产品供生活消费的同时，又产生了文化艺术等精神产品，人们对自然的审美活动也由低级到高级不断深化丰富。

经常引导和组织青少年到大自然中去，观察欣赏祖国的大好河山，享受良辰美景，以唤起他们对自然、对祖国、对一切美好有生命的事物的热爱，使他们的心灵受到美的陶冶，变得更为纯洁和高尚。

学校的环境美，特别是指导学生自己动手绿化校园，美化环境，用自己的劳动创造美，能使学生情操更为高尚。儿童对周围事物的审美评价，往往不取决于物品的价格贵贱。当儿童自己动手改变了环境时，他们会感到无比自豪、无比欣慰，感到了它的巨大价值。因此环境美也是社会美的重要组成部分。

第三节　学校美育的途径

学校美育的途径是多方面的。有的学校安排了美育课，有的学校除了安排美学专题讲座之外，主要通过各科教学，包括音乐、美术、体育、语文等学科来进行美育。此外，还可以组织课外活动、野营旅游来进行，把学校美育、家庭美育和社会美育结合起来，才能收到更好的效果。

一、在课堂教学中实施美育

音乐课是重要的美育课。儿童不仅从中学到音乐知识，而且在教师指导下，通过对各种歌曲的教唱和欣赏，提高音乐欣赏的能力。能够欣赏和懂得音乐，这是基本审美修养之一。音乐是直接表达人的情绪和内心感受的，它可以激励人的情绪，激发人的斗志，鼓舞人的勇气，激起人的爱国热情。《流亡三部曲》唤起了千千万万的爱国青年奔赴抗日前线，《黄河大合唱》激发了民族的爱国热情和保卫祖国的决心。

美术美育主要是在教师的指导下，通过对自然和社会景物与人的形象的写生与速写和对名画的欣赏与临摹，培养学生对视觉艺术的感受、欣赏和创造的能力。美术课对学生有较大感染力，引导学生欣赏有价值的艺术作品，能够发展他们的优美情感，丰富他们的想象力。通过敏锐的感知，指导学生绘画，可以充实他们的精神生活，提高学生在造型方面的创造力。

体育美育主要在教师的指导下，通过各项体育活动，各种健美的造型动作的训练和观赏，既锻炼学生的身体，又磨炼学生的意志，并获得美感享受。在各种体育运动中，也有姿态万千的艺术美。例如，在球类比赛中，有道德风格的美；在登山、长跑运动中，有意志毅力的美；在体操、滑冰、击剑、武术运动中，更有各种动态或静态的造型美。

在篮球、足球、排球等球类比赛中，一方面，能给人速度、灵敏技巧等形式方面的美。同时，比赛双方运动员又能在比赛中显出道德风格的美与丑。

语文课是中学的一门基础课程，所占课时较多。语文教材中，除少量论说文外，主要是文学作品。语文教师通过对这些文学作品的朗读、分析、讲解，引导学生欣赏文学艺术形象的美，并通过作文教学，来培养学生用文学语言创造并描述形象美的能力。

至于在其他学科实施美育，蔡元培早就指出："凡是学校所有的课程，都没有与美育无关的。"他认为数学有比例和节奏上的美，数学游戏可以引起滑稽的美感。物理、化学中，声学与音乐、光学与色彩的关系是十分密切的；化学实验可常见美丽的光焰、原子电子的排列规律等，都无不与美育有关。因此在其他学科的课堂教学中，教师也应该重视美育。

二、在大自然中实施美育

大自然是美育的重要课堂。大自然的各种美景曾经陶冶了人们的性灵，孕育了人类的文明。古往今来，多少文人墨客、专家学者都从大自然中吸取了无穷无尽的营养，接受了大自然无声的美的熏陶。清代著名画家石涛说："黄山是我师，我是黄山友。"他终生把黄山当作自己创作的对象和老师，"搜尽奇峰打草稿"，成为一代宗师。清代扬州八怪之一的郑板桥，以大自然中的竹子、兰花和石头为师，他说："一竹一兰一石，有节有香有骨。"他从大自然中学习了做人的节操、品德和骨气，把做人和学画巧妙地结合起来。我国明代的王冕曾是一个穷孩子，一次他放牛时，看到雨后的荷花分外娇艳，顿生起用笔作画的念头。他在大自然的怀抱中勤奋砥砺，终成一代著名画家和诗人。世界著名的生物学家达尔文，早年十分喜爱大自然，从中既获得大量的美感，又攫取了大量的知识，从而促使他以极大的兴趣探索大自然的奥秘，成为划时代的生物进化论的创立者。"仁者乐山，智者乐水"，大自然给人们多少美的启迪，提供了人们创造美、捕捉美的广阔天地，无私地奉献了取之不尽、用之不竭的素材，大自然的美造就了多少"天之骄子"。

大自然不仅孕育了美的创造者，而且她还像母亲一样抚慰人们受伤的心灵，陶冶人们的感情。大自然是一个高明的美育教师，因此我们要引导学生投向大自然的怀抱，自觉接受大自然的美育。

"江山如此多娇，引无数英雄竞折腰。"我们伟大祖国的画山绣水，蕴藏着大量美的因素，提供了我们向学生实施美育的充分条件。方志敏同志在《可爱的中国》中饱蘸热血写道："至于说到中国天然风景的美丽，我可以说，不但是雄伟的峨嵋，妩媚的西湖，幽雅的雁荡，与夫秀丽甲天下的桂林山水，可以傲睨一世，令人称羡，其实中国是无地不美，到处皆景。"那高山大河、浩瀚大海的壮美，那杨柳婆娑花枝招展的秀美，那麦浪起伏阳光初照的和谐美，那"风吹草低见牛羊"的壮阔美，那"霜叶红于二月花"的娇艳美……都可以用来指导学生认识、欣赏，从中吸取美的营养，获取美的素材，为表现美、创造美做好充分的准备。学校可以有计划地组织学生春游踏青、夏令露营、秋日远足登高、冬天赏雪观景，访古迹、探名胜、采标本、学摄影、作诗文等，充分利用大自然的四时景物，对学生进行美育。

三、在日常生活中实施美育

对全日制的中小学来说，学生的大部分时间是在学校里度过的，教师有责任利用学生在校的日常生活，不放过一切机会实施美育。如教室的环境布置，提倡朴实、整洁；校园的修葺美化，体现文明上进；主题班会的设计，要新颖而富有吸引力，成立课外活动小组，应多样而有情趣；办黑板报、墙报，讲究内容新鲜形式美观；更换橱窗、布告栏，务求字迹清秀、图文并茂，甚至学生个人的衣着仪表、举止行为、言语谈吐等，都要符合美育的要求。

抓住日常生活对学生实施美育，既具体生动，也切实管用。如有位老师观察到学生为了摘到自己喜爱的花朵，不惜损坏校园的花木。这位老师看在眼里，记在心上，他没有采取简单批评的做法，而是举办一次赏花、赞花和育花的中队活动，对学生进行美育。他要求学生把自己喜爱的花从家里端来，并且要说说喜欢的原因。少先队员你献上一钵，他献上一钵，顿时百花争艳。他们在讲述喜欢花的理由时，都把花人格化了。有的说白菊花傲霜雪、斗严寒，是人们称颂的雪将军；有的说茉莉花，花朵细小、洁白，夏夜香气袭人，把芬芳送进人们的心田；有的说朝天椒"七姊妹"结成一团，正直、心齐、向上，很值得我们学习哩！就这样他们边赞边赏，在花丛中受着美的陶冶，最后大家都情不自禁地说："我们都是祖国的花朵！"老师置身在花朵之中，微笑地说："对，同学们都是祖国的花朵！假如有人把花朵摘了，把花枝折断了，这行为美吗？"

大家异口同声地说："不美！"自此以后，再也没有发现有人折枝掐花了。这个事例说明，在日常生活中对学生实施美育，最适合中小学生的特点，便于他们接受教育，便于净化他们的感情，使他们的心灵日趋高尚起来。

总之，实施美育的途径和方法是多种多样的，教师在这方面是有大量的工作要做的。只要教师做有心人，就能把"美"送到学生心中，让美在学生心中发芽、开花。

第四节　美育与人的全面发展教育

人的全面发展为人的全面发展的教育思想和理论提供了重要依据。从人的需要来说，人是一个多样统一的完整体，有着多种多样的要求和全面发展的意愿。对此，许多伟大的思想家，根据他们的实践，有着这样或那样的论述。歌德在《搜藏家及其伙伴们》一文中就说过："人是一个整体，一个多方面的内在联系着的能力的统一体。艺术作品必须向人的这个整体说话，必须适应人的这种丰富的统一整体，这种单一的杂多。"在歌德看来，人作为一个统一的整体，包括理性与感性的统一、主观与客观的统一、自然性与社会性的统一。黑格尔也曾经指出过，"每个人都是一个整体，本身就是一个世界，每个人都是一个完满的有生气的人，而不是某种孤立的性格特征的寓言式的抽象品。"显然，黑格尔认为，人本身就是一个世界，是多样统一的整体，有着多种多样全面发展的要求。

著名教育家蔡元培先生早就深刻地指出，"从前将美育包在德育里的，为什么审美教育，要把它分出来呢？因为早近人士，太把美育忽视了。按我国古时的礼乐二艺，有严肃优美的好处。西洋教育，亦很重美感。为特别警醒社会起见，所以把美育特提出来，与体智德并为四育。"（《蔡元培教育文选》）

蔡元培主张把德、智、体、美"并为四育"，可见美育的重要和他对美育的重视。

人类学的研究告诉我们：人类在其发展的原始阶段，并不存在任何社会分工。因此，人的物质生产劳动和人的求知活动，人的求知活动和人的审美活动，人的工作和游戏，人的物质生产劳动和人的科学技术活动、艺术活动等，都是可以融合在一起的。人们都应当是多面手，既是物质财富的生产者，又是精神财富的生产者；既是这种物质产品的生产者，又是那种物质产品的生产者；既是这种精神产品的生产者，又是那种精神产品的生产者。不仅如此，他们既是生产者又是欣赏者；既是物质生产又是精神生产的对象和再造者。

随着社会的发展和人类自身的不断创造和完善，人的脑细胞不断增长和完善，人的潜能、潜力也逐渐得到充分发挥。在人的潜能、潜力得到不断发展过程中，人的审美能力也自然而然地日益增长和丰富。

现代科学研究证明，人脑生理结构的各个部位之间有严密的分工。这种严密的分工，是有利于多方面接收信息，从而全面地发展的。人的大脑可分为左、右两半球：右半球"掌管"感性——直观思维，左半球"掌管"抽象——概括思维。现代脑科学研究还揭示：机体各种功能的最高中枢在大脑皮质上具有定位关系，形成许多重要中枢，如视觉中枢、听觉中枢、嗅觉中枢、味觉中枢，等等。这些不同中枢，构成了人能全面发展的物质基础，保证了人的全面发展。

由此可见，人的全面发展是合乎人的自身发展和社会发展规律的，是历史发展的逻辑规律的再现和人类全面发展的自我完善所提出的要求。

美是全面发展的社会主义人才基本素质之一。

美育就是育美，使学生具有美的修养、美的理想、美的人格。在我们的生活中，充满着现实美。峻峭雄伟的峰峦、浩荡广博的水域、高尚善良的品格、和谐美好的人际关系，这都是美育的内容。它既是学生全面发展必不可少的养料，又是培养学生对现实美的正确认识、判断和审美能力的基础。现实美存在于学生周围，甚至发自学生自身。审美主体与客体有着亲密融合的关系，这就能促使学生更好地理解与热爱现实生活，有利于他们身心全面和谐发展。

美育不能离开具体生动的形象。艺术形象是反映社会事物本质规律的直观形式。这样的形象，自始至终是学生认识、反映和体验的主要对象。学生对美丑、善恶、真假的辨别，只有通过对这些形象的比较和分析才能完成；他们对美的创造，也只有通过具体的形象才能体现出来。因此，形象既是美育的出发点之一，又是美育的归宿之一。它贯穿于整个美育的全过程，离开了具体可感的形象，美育就无法进行。

学校教学过程是一个特殊的认识过程。在教学过程中，学生一般都是遵循从理性到感性这样一条基本规律前进的。教学活动大大缩短了学生认识世界的历程，使他们可以直接掌握前人实践检验了的各种经验。但是，完全知识是感性认识和理性认识、实践和理论的统一。因此，学校的智育不可避免地会使学生的知识带有片面性，在一定程度上造成理论和实践的脱节。美有所赖以进行的形象，其是感性和理性的有机结合。因为一方面，从外在形态上看，所有的美育形象都是以现实生活本身所具有的那种个别的、具体的感性形态呈现在学生面前的。这些形象作用于他们的感官，因此，美育可以将学生认识感性的感知和体验理性的思维活动和谐地结合起来。

美育是培养学生形象思维、创造性思维的重要教育形式。审美过程，不只是表面感知或逻辑判断的过程。进行美育，不但需要运用一般的语言、概念和逻辑推理等抽象思维手段，更多的则要通过感官，在记忆中留下客观美好事物的形象，并在此基础上运用想象、联想和再造等形象思维手段，使表象更加丰满、更为鲜明，以表现或领略其蕴含的理性美。美育着重培养形象思维这一特征，对于纠正以前学校教育侧重于语言逻辑的训练，苛刻地使用左脑的缺陷显得十分必要的。在智力活动中，左右两半球是协同动作、相互制约又互为补充的。我们一般所说的创造活动，就是在右脑的形象思维指挥下，运用左脑的语言逻辑知识的结果。正因为如此，创造学非常形象地把形象思维和知识喻为创造起飞的双翼。美育进行的形象思维的训练，能够大大改善学生的思维习惯，锻炼和开发右脑的功能。它在开发年轻一代的智力、培养全面发展的、富于创造精神的新人中的地位和作用，是任何其他教育形式都无法替代的。

审美教育能使人们懂得劳动的意义，并从而热爱劳动，而劳动又能使人们高尚起来，感觉器官完善起来，更好地感知美。在审美教育的过程中，学生懂得了这样的道理，在学校他们就会运用自己的智慧和双手去创造美好的生活。

审美教育的目的归根结底是培养学生具有感知、理解、正确评价和创造自然美、社会生活美和艺术美的能力。他们有了这样的审美能力，就自然会用审美的眼光去理解人与人之间的关系的美，去审视自己周围的现实，发现和维护美好的思想和行为，培养起高尚的道德观念和助人为乐的精神，从而抵制社会生活中那些丑恶的东西、道德败坏的行为。正像法国启蒙思想家、教育家卢梭在《爱弥儿》一书中指出的那样，"有了审美的能力，一个人的心灵就能在不知不觉中接受美的观点，并且最后接受同美的观念相联系的道德观念。"

　　德、智、体、美四育是一个整体，它们相互联系又互相促进，对于此四者都应该予以应有的重视，而不能厚此薄彼，有所偏废。我们必须提高对于美育重要性的认识，并把它放在应有的位置上，这样才能培养出全面发展的人才。

第五章 体育与美育

第一节 体育与美育的关系与区别

一、美育与体育的关系

美育是以心灵的健康为目的，体育则是以身体健康为目的。身心健康两个方面是互相依存、互相促进、相辅相成的。我国古代健身之道讲究修身养性，心灵健康一定会促使身体健康，高尚的精神生活一定有利于身体各个器官的调节，这就较好地反映了身心之间的辩证统一关系。有些人身体不好往往是因为精神不健康所造成的。

正如人们常说的健美，体育所追求的目标在于身体健康，而健康就是一种美。体育运动所表现出来的勇敢精神、拼搏精神就是一种美。体育的精神美，正是美好的体育道德和高尚的风格。中国女排获取世界女排比赛三连冠和她们的拼搏精神就是美与体育的高度统一，她们不仅在体育运动中着意追求美的造型和高尚的精神之美，而且从美中获得了体育运动的情感合力后，因此许多运动员可称为美的追求者。我国著名体操运动员李宁就是这种精神的最好体现者。他在紧张训练之余，总是听听音乐、作作画。他特别喜欢画竹子，这是因为青翠挺拔的竹子画面蕴含着某种精神之美。他说，竹子的素质好，不畏严寒，坚韧不拔，给他带来了精神鼓舞。许多著名的运动员在创造优异的运动成绩之前，总要在场上听一段优美的音乐：一方面使心境平衡和谐；另一方面也从中获取精神力量。体育运动本身就包含着美的因素。各项运动都表现着体态美和造型美。就拿体操来说，它是人体艺术，最能表现人体美。那舒展的手臂、那柔软的腰肢、那健美的双腿、那优美的体态、那健康的身躯都得以尽善尽美地表现，显出生命的活力，给人以美的享受。例如，体操、滑冰的优美的造型，又伴之以优美的音乐，都体现着体育运动与音乐、舞蹈等美的艺术有着某种程度的融合。体育与美育有着密切的联系，对培养全面发展的社会主义新人起着重要作用。

（一）美育与体育的区别

1. 心灵塑造与体能培养

完善个体审美心理结构是美育的目标。通过审美感知力、想象力、理解力的培养，即通过审美能力的培养，审美趣味和审美理想的培养，以塑造情感和心灵。与美育注重人"心"的培养相对应，体育则重在人"身"的方面的锻炼，以促进体格强健及体能的全面发展，提高对外界环境的适应能力和生存能力。

2. 审美形式与标准范型

由于美育重在心灵塑造，体育重在体能培养，因而，二者实施教育的媒介也必然有所差别。美育所凭借的媒介主要是现实和艺术中的审美因素，即各种各样的审美对象。体质教育所凭借的媒介与审美教育相比就不限于审美对象了，而是多样和宽泛的。体质教育通常显示身体强壮美，保持精神饱满、精力充沛，以及在竞技中能充分发挥身体潜能等具有示范性意义的整体形象作为实施体质教育的主要媒介。也就是说，体质教育的媒介是人体——包括人体的内部构造和外部形式，以及人体运动的内部结构和外部形式。

还需要指出的是，美育媒介与体育媒介虽然不尽相同，但它们在一定程度上又是互相联系的。二者的媒介在外延上有重合的方面。但美育同体育目标不同，各有不同的侧重。例如，同是把人体的感性形象作为审美教育和体质教育的媒介或范本，任何美的人体都可以作为美育范本，而只有强健的身体才能作为体育范本。从教育媒介看，美育的媒介是审美形式，而体育的媒介则是标准范本。

3. 自由观照与意志操作

审美教育的方法和手段主要是以培养和塑造人的心灵为目标的美育，除了受教育者亲身参加审美活动，还需要通过一定的教育手段，指导受教育者进行自由观照活动。在这一点上，体质教育则不同，它是以培养和发展人的体质，造就强壮体魄和身体机能的体质教育，是通过示范作用和自我身体操作来实现的。在审美教育中，艺术的鉴赏和艺术的创作，虽然是一个动眼、一个动手，却可以殊途同归，达到审美心理结构的完善。体质教育如果只动眼，不动手，不亲自去实行，永远达不到完善体质结构的目的。此外，在审美教育中，观照是一种超功利的对形式的自由感受，是在情感的激发下，感觉、想象、理解等一系列心理活动的产物。

（二）美育与体育的联系

1. 美育与体育有共同的根源，都起源于人类的生产劳动

现代体育是一个包含广大文化现象的复杂的功能实体，它有丰富的表现形态，对人类社会生活也具有多方面的价值。但归根结底，体育同人类自身的生产活动密切相关，同人类为生存和发展的实践需要而自觉地塑造理想的体质结构密切相关。如作为现代体育的基础要素的能力中，赛跑所需要的速度，跳高、跳远所需要的爆发力，体操所需要的灵巧，举重和投掷所需要的力量、技巧与准确度，马拉松所需要的耐力，集体项目所需要的节奏、默契配合等都可以在制造和使用工具的原始劳动中找到影子。当人类使用天然工具去打击猎物，挖掘草根、树根的时候，很自然就开始注意到自身对客观世界的适应能力，否则便会被淘汰。例如，手臂有力量便可以投得远、准确、快速，就能有力地打击猎物；腿部有力量、跑得快，便可以追捕猎物或迅速躲避野兽。可见，这时人们攀登、跑跳、投掷与人类的生存与发展是紧密联系的，但是由于生产力水平和文化科学水平的低下，人类自身要素的提高，主要是一种本能的形式出现，只能是体育萌芽的原始基础。随着实践的深化，人类使用的自然工具不断增多，操作工具的方式、姿势也随之多种多样化，并在生产实践中掌握越来越多的自然运动规律以及人体本身的活动规律，进而上升到运用这些规律来实现自己预期的目标。当人类能够用自身所掌握的规律去制造工具来实现自身的目的与需要，并在改造客观世界的实践过程中体现自然规律与人的目的需要相统一时，美就诞生了。美就是在这种劳动形式中诞生并凝结在具体的生产之中的。既然美育与体育共源，无疑也凝结着体育的美。当这种体育美又被当作制造和使用工具的一种技能传授时，就产生了原始的教育。这种教育含有智力和体力方面的内容，是以一定的身体条件为前提的。因此，人类将更自觉地注意到自身的发展。一旦人类掌握了人体的活动规律，有意识有目的地进行创造和提高自身素质的时候，原生态的体育便相应出现。

现代体育是自觉地按照美的规律进行创造活动的。例如，现代竞技运动，

实际上表现着人类征服自身生理极限，开发潜能的伟大目的。当选手自觉地运用掌握的规律和比赛的技巧，在竞争中达到这种目的时，便实现了自由，进入美的创造境界。

2. 体育的创造体现着根据美的规律造型

原始体育作为人类自身生产的组成部分，虽然与物质生活资料的生产密不可分，但是一旦形成便体现其相对的独在性，逐渐与生产劳动分离，作为一种文化形态而发展演变。作为客观存在的美，它有很大的涵盖面，并通过多样形式体现着，经过理论化和系统化，构成了一部具有庞大的体系、体现出多种价值的美学。体育美只是这个大家族中的一个分支，是体育领域中以人身的特殊运动为对象，进行创造和审美活动的特殊的美。因此，从总体上说，体育美是美在体育领域内的造型方式，是自由的形式的特殊化。

3. 体育的目的趋向于美

体育的目的是塑造理想的体质结构，这种理想的体质包含着人类征服自身生理极限，开发潜能，追求自由和崇高。当这种目的根据掌握了的规律去实践时，这本身就是一种创造的过程。它是合乎规律性与合乎目的性的统一，表现为完美的身体形态，并通过运动方式（造型力量）来实现；表现在竞技体育方面，是以身体对抗的方式使规律性与目的性相统一，让美的创造在公平竞争中实现；表现在学校体育教行方面，是通过直观的身体教育方式使受教育者掌握身体锻炼的技能，增强身体素质，接受美的陶冶，寓美育于体育之中；表现在大众体育方面，是以闲暇游戏方式，使合规律性与合目的性得以统一，通过锻炼、运动在自由的情境中获得身心俱佳的愉快体验，寓美感于体育活动中。

二、审美心理结构与体质结构

（一）体质结构是审美心理结构的物质基础

体质结构是人类的生物性特征的直接现实，而心理结构则是作为生物机体一部分的人脑经过长期实践积淀下来的超生物性的心理建构。人类体质结构的发展和改善在审美心理结构的形成中具有十分重要的作用，并为人类心理结构的建构提供了物质基础。在这个物质基础上，经过长期的历史实践，终于沉淀成人的文化—心理结构。这种文化—心理结构，是依存于大脑皮层生理结构的，并且前者的完善与发展，又总是引起后者的相应变化。可以说，正是后者经由实践的相应变化，才有了前者的完善与发展，审美心理结构作为整个心理结构的子系统，也同样有其生理或体质基础。因此，从某种意义上说，作为文化——心理结构的组成部分的审美心理结构，属于人的身体结构，或者说，生理或体质结构是审美心理结构的物质基础。

（二）身体运动引起的生理感受是体质结构与审美心理结构的中介

人的体质结构存在和改善的方式主要是人体运动。人体运动必然引起一系列的生理感觉（主要是运动感）。人体的运动感发生在与运动分析器的接收、指导、投射有关的人体器官上，它为感觉器官提供信息，从而协调人体运动。随着人体运动在历史发展中的日益复杂，也必然产生日益复杂的生理感觉，并引起感觉的多样分化。分化的结果，使得大脑的生理结构和心理结构的基础日益完善。这样心理结构便完善与发展起来，这就是认知心理学派所十分看重的通过运动进行心理建构的道理。

审美心理结构也是通过最初的运动的生理感觉而建构的，运动的生理感觉、情绪体验往往与审美心理结构中感知、想象、理解、情感诸要素不同比例配合与关联。因此，对个体来说，运动所引起的生理感受是通向审美心理结构的桥梁。

运动感又同时以对物体行动动作的形式感作为产生通向审美感受的道路之一。因此，现代美学通常将运动感看作五官之外的感觉器官。

运动感所带来的审美情绪体验虽然是瞬间即逝的，但又是不容置疑的。运动中凭借视觉、动觉、平衡觉来辨别身体的时空位置引起的时空感，人体活动出现的有规律的强弱、长短、张弛、急缓、高低、快慢等连续的时间进程又构成特定的节奏感，人体在运动的位移中距离急剧变化的物象映入视网膜引起的立体感，以及运动的合目的性产生出乎意料之外和偶然的机缘之中所带来的惊奇感等，都在这稍纵即逝的瞬间成为参与构成审美情绪体验的审要因素，正因为如此，人的运动和人的运动感受便成为艺术（审美）经常表现的内容。

（三）审美心理结构对体质结构的不断完善具有控制作用

以情感为中心的多种心理功能的和谐活动对体质结构和身体运动形式的和谐的控制是审美心理结构对体质结构的控制的主要体现，这亦可视为外部形体动作的和谐受内部的心理和谐的控制。审美心理结构好似施控者，通过神经传导通路，对体质结构和身体运动形式实行控制，其结果就是健美。具体来说，就是使身体运动形式向整齐、对称、均衡、和谐、比例协调、层次分明及节律规整的方向演进，从而使身体结构、生理节律和活动规律，实现匀称和谐，以显示人的强壮、刚劲、有力、庄重。

三、体育美与人的精神文明的关系

体育美是与人们的社会活动密切相连的。它不仅是一种相对独立的社会现象，也是现代文明社会不可缺少的重要生活内容，更是人类文明的组成部分。现代社会中的体育不仅蕴藏着丰富的精神养料，而且在强健身体、延年益寿上发挥着无法替代的作用。体育美能有效地使年青一代身体得以美化，心灵得到净化，情操得到陶冶，精神世界得到升华，使他们成为新型的跨世纪的栋梁之材，从而更为自觉、能动地根据美的规律去改造客观世界，推动人类社会文明进步。

（一）体育精神的内容

1.体育精神的含义

体育精神是在体育运动基础上表现出来的一种特有的文化现象，是通过体育运动而形成并集中体现出人类的力量、智慧与进取心理等最积极的意识的总和，是体育运动的最高级产物，是实现人的生命价值过程的重要环节与表现。体育精神是体育运动中的个人文化修养、心理品质、审美情趣、道德精神和价值观念等内在体育素养以外化的方式呈现于世。体育精神的魅力就在于能够使人在运动过程中产生强烈的意志力、鼓舞力、拼搏力、感染力和征服力。体育精神是人在体育运动中充分展现出来的生命力、凝聚力和创造力等自身的整体精神面貌，从而成为体育本身所特有的最高境界和积极良好的教育因素。

体育精神表现在两个层面上：一是竞技体育层面上，就是奥林匹克精神的体现"更快、更高、更强"；二是体育文化意义上的精神。对高校来说，所指的体育精神就是指体育文化意义上的体育精神。在学校的体育文化建设中，我们应该两手抓好：一方面加强体育的物质文化建设；另一方面要加强体育的精神文化建设，积极关注大学生的体育精神的成长和体育道德的形成以及人的灵魂的净化，使体育精神成为校园体育文化建设中的核心价值追求。

2. 体育精神的内容

体育精神是校园体育文化建设的核心内容，是校园体育文化的灵魂，更是校园体育文化的最高追求。它所展示的魅力正是学生在体育运动中所要达到的身心健康和精神愉悦的追求。它对校园的体育教学、管理、精神文明建设以及学生自我成长和人格的完善都具有极其重要的促进作用，也是弘扬中华体育精神和民族精神的重要渠道。

体育精神的内容主要表现在如下几个方面：

（1）科学精神。体育是一门科学。体育的科学性充分体现在体育的运动训练、身体锻炼与活动、体育比赛和体育教学等各个方面，都必须按照体育规律和制度以及人体的生理发展规律来办事。不能乱搞与盲目地进行，而是要从体育的科学性和遵循体育的规律、遵守体行的规则，以及各个体育项目所特有的运动规律等方面来科学、认真地加以客观的分析与研究，并制订相应的符合人体发展规律的科学计划。对那些符合时代发展需要的先进的体育文化本质和促进体育文化发展的校园体育活动，学校应该积极地挖掘、总结、归纳和推广，加大宣传力度，使之成为构筑校园体育文化与校园体育精神的主旋律。

（2）公平竞争精神。公平竞争是所有体育竞赛活动中最为根本的表现形式，也是体育精神的一个显著特征。体育竞赛是在公平基础上进行的竞争与比赛，每一个参赛人都要根据公平的规则进行竞赛，人人平等，没有特权，这是体育竞争的公平性的体现。公平竞争的体育精神主要有两个方面的内容：一是指敢于竞争，不畏强者，积极进取，拼搏争胜，充分展示自己能力的优秀品质；二是指在"公平、公正、公开"的体育竞赛的行为规范中，积极坚持这种行为规范所表现出来的良好的文明体育道德品质。

（3）顽强的意志和拼搏精神。在体育竞技中，竞赛其实就是向自身极限的挑战，每一个人在向自身极限冲击的过程中要面临的不仅仅是非凡的体能、耐力与体力的考验，更重要的是在向自身极限的抗争中所表现出来的吃苦耐劳、坚忍不拔、不气馁、不怕失败的顽强意志和拼搏进取的精神。在每一次竞技运动中，参与者都需要在消耗大量的体力与心力的基础上，不断地战胜各种内外干扰和困难，并具有顽强的意志品质和勇于拼搏进取的精神，才能经得起高负荷高强度竞争所带来的输赢的考验，进而达到实现自我、超越自我的更高、更强的运动目标。

（4）争先创优精神。"更快、更高、更强"的现代奥林匹克精神充分展示了体育争先创优的精神实质。我们知道，任何形式的竞技体育都要经受输与赢、先与后、成功与失败等方面的考验。每个参与者都希望在竞技过程中获得胜利与成功，这就需要参赛者必须付出最大的体力、耐力和心力，消耗极大的身心力量去战胜自己和他人。在拼搏竞争中不仅要争先，更要在争先中取得更好的成绩与创造最佳成绩。

（5）团结合作精神。体育运动一方面体现在个人行为上，另一方面体现在团队的合作上。任何形式的体育运动都积极倡导个性的张扬与集体的团结合作。这种团队的合作与集体主义精神正是体育精神所强调的。在体育运动发展的今天，任何体育项目都不是个人的表现而是团队的合作展现。个人单项运动表面上是个人的行为表现，但其背后若是没有强大的团队合作给予支持与帮助，是不会取得好成绩的。特别是团队项目的运动，要想获取好成绩，不但需要运动员个人展示其能力与良好的竞技运动水平，更需要队员之间的默契配合与团队的支持与鼓励，融小我于大家之中，向共同的目标努力奋斗。

（6）遵守规则与道德的精神。在体育比赛和体育活动中，公平竞赛、公开竞争都必须在一定的规则和规程中进行，遵守规则、遵守体育道德、尊重对手和尊重裁判是体育运动的基本要求。运动员必须在规则内进行比赛，并要服从裁判员的判罚。运动员在遵守规则的前提下所表现出来的体育精神面貌和良好的体育道德行为，以及所创造出来的运动佳绩，便是体育精神的展示与应有的特征，更是奥林匹克精神的再现，会受到观众普遍的赞扬与好评。

（7）健康第一的价值观念。对体育运动来说，人的身心健康和谐发展的统一是体育精神在最高层次上的追求。体育运动的激情与精神，不仅仅是改造身体，提高生命有机体的质量，达到"健身"目的；更主要的是展示体育文化对生命力的发展，去获得精神上的愉悦、心灵上的自由、道德情趣的提高和生命能力的展现，达到"育心"与"养德"目的，进而实现"健身、育心、养德"三位一体的身心健康和谐的统一。这种身心健康和谐统一的生命价值观，正是体育精神对人发展的深刻内涵的解释。

（二）体育运动中的美与人的精神关系

1.意志美

意志美是指在比赛中，自觉地确定目标，在目的的支配下，调节自己的行动，克服各种困难，从而实现目标的心理活动过程中呈现的美。

（1）培养个体意志服从整体纪律和道德规范。体育比赛不仅是体能、技能、战术的对抗，也是运动员的道德品质和自身修养的较量。它要求必须有一个共同遵守的纪律，即比赛规则，对运动员来讲是最起码的要求，它鞭策运动员既要勇于进取，创造优异成绩，又要自觉遵守比赛规则，同时还要有鲜明的个性特点。我国运动员在这方面曾受到国际友人的高度评价，因此运动员要时时处处严于律己、宽以待人，培养文明、高尚的情操美。

（2）尊重对手是运动员应有的道德美。体育比赛既是体力、智慧、技术、战术的角逐，又是精神、意志、思想和作风的竞争。在比赛中，不仅要迫使参赛双方最大限度地展现出各种精湛的技术、高度化的对抗，又将在瞬息万变的动态中，充分显示彼此的敏锐机智、阳刚坚毅和道德风貌之美，尤其是那些直接对抗性的项目。通过体育比赛，运动双方一方面可以互通有无、取长补短、切磋技艺、共同进步；另一方面应做到打不还手、骂不还口，通过借鉴对方行之有效的方法来充实自己、完善自己，以技艺战术之美取胜。

（3）服从裁判是风尚美的重要内容。裁判工作的顺利进行和圆满完成，与运动员的默契配合、支持和理解是分不开的，在运动竞赛中直接表现出来的就是尊重和服从裁判。应该看到，体育比赛中身体发生直接接触的场面是常有的，复杂情况也是常有的，而裁判员面对激烈竞争的场面，漏判、错判在所难免。运动员可以根据规则说明情况和提出建议，但不宜当场拒不执行。

（4）服从教练的指挥是意志品质美的重要内容之一。教练的水平、能力都将从竞赛中的运动员身上得到完整的体现，他们好比教练员的镜子。教练员的呕心沥血是为了使运动员能顽强拼搏、坚忍不拔、百折不挠、越战越勇，从而获得最后的胜利。尊重和理解教练，强调的是尊重教练的人格，理解教练的意图；尊重教练的行动，理解教练的责任。在此基础上，运动员执行教练的比赛计划时，要充分发挥主观能动性，创造性地完成比赛计划，在教练的指挥下圆满完成比赛任务。

（5）尊重观众是保证比赛顺利进行的重要条件，也是运动员应有的道德情操之美。作为体育文明的重要组成部分，也是体育审美的评判者的观众，虽然情绪往往倾向于客队或主队，但有一点是共同的，那就是赞扬道德高尚者，谴责道德卑劣者。人们在观看比赛时，看到运动员良好的思想作风也是一种美的享受。

2. 协同美

协同美是指在体育比赛中，良好的人际关系是群体团结、心理稳定和气氛融洽的基础，能发掘更大的能动潜在意识和创造精神，以取得最佳比赛效益。群体的协同正是真与善、合规律性与合目的性的统一。

（1）文武关系的协同。它是指文能达意、武能夺冠，即文武并重。参加国际比赛，进行文化交流，运动员既是竞技者，又是祖国人民的使者、东道主的客人。人们称运动员为"没有外交头衔的外交官"。运动员应该学习体育技术、技能知识、演讲知识、国际知识、地理知识和外交礼仪等，使语言表达生动幽默、洪亮清晰、简洁精练；要仪表端庄、服装整洁、态度和蔼、举止得体、风度潇洒、体魄健美，以达到内在美和外在美的统一。

（2）动静关系的协同。竞赛中的动就是活力之美，是生机勃勃的生命力的充分展现。动静是运动竞赛中的两种状态，这两种状态相互交替、相互转化，动中有静、静中有动，显现出人体动态系统内部两个系统之间的协同作用。运动员应培养该动则动、该静则静，顽强拼搏、积极进取、团结协作的精神风貌。

（3）进退关系的协同。要求运动员在思想上有政治敏锐性，要做到进退有序，热情洋溢，加强判断真善美的能力，具备正确的思维方法；在心理上教练员要引导和促进每个队员进行自我心理平衡；业务方面，要求专业能力强、知识面宽，提倡运动员之间要充分尊重对方，寻找最大相容点，排除不必要的人为障碍；运动员进退场要有秩序、有礼貌、谈吐得体，以实现人际吸引的良好效应。

（4）胜负关系协同。体育比赛必然有胜负之分，因此如何对待胜负问题，是对运动员协同美的考验，运动员在这个问题上应做到胜不骄、败不馁。胜不骄是运动竞技风度美的灵魂。胜利只能说明过去，而说明不了将来。冠军夺金牌，为国争光，这是运动员的光荣职责和为之奋斗的目标。现实生活中存在的一个严肃的重要问题是如何对待胜利。要做到不因胜利而骄傲自满，不因失败而气馁丧志，这才是一个运动员对待胜负的正确态度。但是往往有少数运动员在获得胜利之后，潜伏着消极的因素：有的运动员以成绩为"资本"提出物质生活上的过高要求，达不到目的就闹情绪；有的运动员背着沉重的包袱上赛场，怕输求稳，结果赛不出水平；有的运动员出了成绩首先关心的是奖金的多少。运动员要做到胜不骄，要为体育事业和国家的声誉而拼搏，这不仅锤炼了运动员的意志，而且陶冶了运动员的心灵；不仅为人们创造了崇高的典范，而且鼓舞着人们去创造更美好的人生。

败不馁是运动竞技人际交往风度美的实质。运动竞技中胜败结果是必然要发生的，是频繁发生的。正因为"胜败乃兵家常事"，运动员既要能享受胜利的喜悦，又要经得起失败的考验。比赛失利，成绩不理想，观众埋怨，裁判偏袒，教练责怪等，都是导致运动员灰心丧气、一蹶不振的原因。所以，只有正确对待失败，才能激励运动员去总结经验，重整旗鼓；才能砥砺运动员的意志，激发运动员奋发图强。俗话说："人生逆流，十有八九。"正确认识挫折原因，掌握制胜规律是一个运动员健康成长必不可少的优良品质。

3. 心灵美

心灵美是指人的内心境界中的思想、道德和情操上的美。体育中的心灵美，主要是以体育中的精神文明来体现的。这种教育主要是通过具体的、活生生的、健康文明的人体运动和与其直接表现出来的文明精神来使学生从运动员的外在行为上获得美的启发，感情上产生符合美的变化，进而得到精神上的丰富和心灵的陶冶。这种具体可感染的教育形式，从形象思维中所获得的美的教育，与那种从逻辑思维中所获得的既有理想又有现实的道德教育相比，是有一定差别的。

使运动员正确理解外在美与内在美的关系是心灵美的教育前提。人固然喜爱外表美，但更重视内在美。在外在美和内在美不能兼得的情况下，我们许多优秀运动员宁愿牺牲外在美，也要去追求心灵美，这在我国的体育事业中不乏其例。例如，"三铁"运动员为了创造更优异的成绩而有意练粗了自己的体形；划船运动员长期在风吹日晒下训练而使自己的皮肤变得黝黑粗糙；登山运动员为了攀上世界屋脊而冻掉了自己的手指和脚趾，甚至牺牲了生命……像这种为了自己的理想、事业和荣誉而不惜影响了自己的容貌、体形甚至健康的崇高品质正是我们这个时代所赞誉的美好心灵。那些外表似乎很美，但内心肮脏者，无疑会遭受人们的蔑视和唾弃。

综上所述，美育与体育的关系是相辅相成的。可以看出，审美教育在整个教育中的特殊意义。因此，我们应该给美育一定的地位，将美育同社会主义思想教育和其他教育结合起来，逐步造成一个多方面重视美育的生动局面。

第二节　体育美的本质及表现形态

一、体育美的本质

美的本质是人的本质力量在社会实践中的感性显现，它反映的是人与整个客观世界的审美关系。体育美的本质是人的本质力量在体育运动实践这个特定领域中的感性显现，它反映的是人与体育运动的审美关系。由于体育美是以人为对象，以人体运动为主要表现手段，因此，可以说，体育是人的本质力量在自身的直接展示，是人的本质力量在自身的"复现"和"确证"。

人的本质力量不是凭空产生的，而是在以生产劳动为基础的各种社会实践中形成和发展起来，并在实践中得到充分表现和发挥，从而成为改造世界的强大力量。人作为自由创造的主体，不仅努力改造客观世界，更注重改造主观世界。人不但通过生产劳动来改造自己，而且也通过其他社会实践活动包括体育运动这种专门的实践活动，来改造、发展自己的体力和智力、生存力和生命力，不断充实和丰富自己的本质，以适应改造客观世界的需要。因此，从实质上讲，体育运动和物质生产劳动及其他社会实践活动一样，也是对人的本质力量的一种锻炼。所不同的是体育运动借助的是特殊的物质手段和独特的活动方式，它的"产品"直接就是人的身体——体质的增强、身心协调发展、运动成绩的提高……所谓体质的增强，绝不仅仅是发达的肌肉和健全的内脏器官，同时也包括意志力、想象力、创造力等各种精神力量和智慧力量，正是这种种要素共同构成了人的本质力量。

理解体育美的本质，应重点把握以下几点：

1. 和其他美一样，体育美也是一种社会现象，是社会历史发展的产物，它既不是纯客观的，也不是主观感情的外射。

2. 人的本质力量对象化是体育美的最深刻根源。人的本质力量包括肉体和精神两个方面，即人的感觉力、思维力、意志力、想象力、创造力以及体力、技能、理想、智慧、情感、兴趣等。它们通过体育运动实践在"产品"（健美的人体，各项运动成绩……）中显现出来，得到"复现"和"确证"，从而引起运动者和观众欢欣愉悦的情感。显然，没有人的本质力量对象化，就谈不上体育美。

3. 人的本质力量对象化并不都表现为体育美。人的体质力量只有通过体育运动实践，以感性的（生动可感的）形式显现出来（如一套优美的艺术体操，一场精彩的体育比赛，一种高超的技术、战术等），并能得到运动者和欣赏者的关照，引起情感上的愉悦，才表现为体育美。

由此不难理解，为什么人们在欣赏体育比赛或表演时能为之动情。因为在体育比赛或表演中，运动员通过人体运动的各种形式及其组合，感性地显现了人的本质力量，显示了人的智慧、坚毅、技巧、创造力、生命力，因而，人们"从他所创造的世界中直观自身"，从而引起喜悦，获得精神上的满足、美的享受、情感的升华和理性的启迪。例如，登山，每当运动员登上一个新的高度，都标志着人类征服自然的能力达到一个新的水平，显示了人的力量和智慧。虽然你没有去登山，却受到了极大的鼓舞和感染。正因为如此，我们才感到女排姑娘临危不乱、遇胜不骄、顽强拼搏的场景是美的；艺术体操、冰上芭蕾轻盈的体态，优雅的舞姿，动人的旋律是美的；登山健儿傲冰雪、战严寒的一往无前的攀登精神是美的；女子足球刚健敏捷，英姿飒爽也是美的。因为不同的运动项目有不同的审美特征，有的属壮观之美，有的属优柔之美。虽然表征不同，但是它们都是人的本质力量在自身的形象体现，都是自由创造的积极成果，因此都是美的。

二、体育美的特征

（一）客观性

体育美是人类社会生活中普遍存在的客观现象，是美在人体运动中的特殊反映。体育作为一个存在是客观的，这种客观性在于它的物质性的存在。人首先是自然长期发展的产物，然后才是社会的产物。它具有自然的属性，更具有社会的属性，是客观的实在，它以自然的形态和社会的形态体现其客观性。就自然形态而论，人是万物之灵，人体乃是造化之巅，集自然界中美之大成，它完美和谐，富有生机和力量，是整个大自然存在的一个最精巧的缩影，是人体运动美的自然基础，也是客观存在作用于自身运动作为审美对象的主体。人们就是借助于这一有规律、有创造能力的主客体的双重性，即自然美的客观性，从事改造人体自身的体育美的活动，发展身体美、运动美。在构造身体美和运动美的实践过程中，渗透着社会美的性质，表现出其社会的客观存在性。离开了人的社会的客观性，体育美的产生和发展是不可能的。

就其创造形式而言，作为自然界高级生物的人，其身体可以呈现自然美；经过人的能动改造，创造出作为审美对象的运动形式。这种立体的自觉创造力，物化在客体的形象化里，反映了由客体的规律性变为主体的目的性，凝结为新的美的形象性的过程，也是不以人的意志为转移的客观实践过程。因此，这也规定了它的社会性。

（二）社会性

社会是人类以一定的物质生产活动为基础而组织起来的相互联系的有机系统。体育美是在这个有机系统中产生和发展的子要素。具体表现在以下几方面：

其一，人是社会的产物，而体育美则是人类社会需要的产物，是人类特有的进化过程中不可缺少的一种催化剂，脱离了社会，体育美的萌芽和产生也是不可能的。它的产生和发展，就成为社会物质文化生活中不可缺少的一部分，成为社会文化的一颗明珠。

其二，体育美是社会实践的产物，是人们的能动创造的结果。人在体育活动时的社会性，表现为其行为总是在一定的思想指导下的有意识的自觉活动，是按照一定的目的去创造理想的全面发展的人体活动。这是人的自觉能动性的表现，这种内控因素是动物所不具备的，是人与动物相区别的重要标志。从这个意义上说，体育的目的性，具有鲜明的社会性。

其三，人的本质是社会性。人们进行任何体育活动都不是单个孤立地进行，要以一定的社会条件为背景，通过社会群体活动来达到增强体质的目的，以建立人类社会生活和精神生活的良好基础，使身体活动社会化、完美化，并将这种实现了的形式，通过社会教育等途径，延续和发展下去。

其四，人类共同创造了体育美，从而形成美的价值过程到社会过程，是民族的、国家的、整个社会的。

（三）形象性

各项体育竞赛总是以生动多变的优美的形象展现在观赏者的面前，表现为富有感染力的生动形象。在竞技中这种形象就是运动员。真、善、美，只有通过人体运动过程中的造型形式形象化地反映出来，并通过一定的时空表现出来。这种表现形式就是体育美。

体育造型的力量不仅融力与美、健与美于人体，使之完美化、规范化、形象化，同时在体育美与艺术美的结合下，以物态化的形象塑造出无数反映人体美的杰出艺术精品，如雕塑、绘画等。现代体育美育中，通过典型示范的方式，用体育艺术品、声像、影视等科学手段，对运动员、学生、群众进行形象化传技艺、授美育，有效地提高人们的运动技术、战术水平和审美能力。

（四）象征性

体育美的象征性，是用人的个体或集体的体育造型形象，表现出人类理想的憧憬。例如，现代奥运会、亚运会、全运会中，一个重要的内容是精心编排了各种类型的歌舞、团体操，用群众的智慧进行巧妙的排列，展示着内容丰富的各种形象、图案；有的象征着"更高、更快、更强"的奥运会精神；有的象征着体育的崇高性；有的象征着本民族的拼搏、进取精神；有的象征着团结友爱的精神以及严明的纪律、高尚的体育道德情操等。

（五）独创性

体育美总是通过其生动性、多样性、形象性、象征性来表现自身的存在和自身的独创品格，并且使审美的主体和客体产生浓郁的美感，激发人们更高的体育热忱，去创造更高的审美价值。在体育表演或比赛中，其佼佼者无不以一种崭新的高难技术、技巧，优美的姿态展示自己，吸引着人们，从而博得裁判、观众的好评。

三、体育美的形态

体育美在表现人的自然本质时，是以身体素质、技术动作、战术、造型等物化手段以及人体的匀称和谐、对称的物质形态，按照美的规律造型所呈现的美。

（一）身体素质美

人类的身体是有生命的活体，它能显示出自然结构美和精神活力美，它是由各种要素综合构成的，主要包括体态美、体型美、健康美、素质美。

1. 体态美

它是指人的形体和姿势美，就是通过体育运动使人的身体形态，由于骨骼和肌肉的发育，表现在比例、匀称、和谐和线条上的完善程度。人的身体形态，一般来说，是受获得性遗传控制的，但体育运动能够改善和进行控制的，并使之完善。

2. 体型美

体型美即身体结构的类型。体型的美丑主要是由遗传因素和环境、饮食影响、身体骨骼比例关系、脂肪积蓄多少和肌肉发育程度所决定的。因此，体型不是一成不变的，体育运动可以调解和建造优美的体型。

3. 健康美

健康美是身体生理机能正常，无缺陷和疾病，同时由于身体机能的完善，显示出一种良好的精神状态。身体健康状况受制于各种因素，但毫无疑问，体育运动是塑造健康体格、体能和生命力的重要因素。体育美学所讲的健康美，就是体育运动带来的体格强壮，无疾病和良好的精神状况相协调的美的形态。健康美包含着体育运动所追求的目的，包含着人对自己生命价值的肯定，是人类理想追寻的目标，同时又具有一系列的感性规定，构成审美对象，引起人们的审美评价。健康美不能等同于作为运动项目的健美，它是身体全面发展的外部标准。

4. 素质美

素质是对力量、速度、柔韧、灵敏而言，素质美是以特殊形式存在于身体美之中，它不像身体美其他要素那样直观，而是通过体育运动和生活技能表现出来的，在一定意义上可以理解为潜藏在人身体内部的美的形式和力量。它既是获得性遗传因素，也是运动美积淀的成果。素质美各要素中，力量美即爆发力、耐久力，占有重要地位。速度美是表现身体进行快速运动的能力。柔韧是通过身体关节、韧带、肌腱及皮肤等，在伸展过程中表现出的曲线变化。灵敏是身体在运动中迅速改变时空关系的能力和运动竞技中表现的应变能力。

（二）技术战术美

运动之美寓于体育技术之中。运动技术是充分发挥人的机体能力，合理有效地完成动作的方法。技术之美，就在"合理、有效"之中。技术美就是运动技术在运动过程中发挥的完美程度。在体育运动中，发挥人的机体能力的方法越合理有效，完美程度就越高，运动技术的审美价值就越大。当然，"合理、有效"也是相对的，因为运动技术是随着实践的不断发展而变化和日臻完善的。运动技术之所以能给人以美感，因为运动技术是人们在体育领域里所进行的一项巨大的创造性活动，是人们利用已获得的知识和能力作用于天然自然和人工自然或运动员自身系统的过程，是真善美的统一。这进一步说明了技术既是人类向自然显示自身力量的过程，又是向自身挑战的过程，是人类本质力量的体现。这就是运动技术美的重要源泉。

运动技术美主要是体现在运动技术动作的要素之中，即技术结构、技术流程与力量的统一要素，恰当流动的韵律要素，技术的力量与竞技者力的要素，以及同技术内容相适应的要素。以上各种要素构成了技术的形式美，即从整体技术的角度看到技巧美；从部分技术的角度看到统一美、韵律美、力量美及适度美。所以说，技术美也是人的运动技术水平以及体态美、素质美、动作造型美的综合体现。也就是体育动作中健美体型的充分展示和运动技术素质的有力发挥，表现在干净、利索、准确、优美的体育运动完成过程中。技术美的特点就是准确性、协调性、连贯性、优美的节奏感。

战术美是在复杂多变的体育竞赛中，充分发挥运动员的素质和技术特点在争取胜利中体现出来的一种美。战术在体育激烈的对抗竞争中，被称为发挥技术的先导、驾驭比赛的灵魂，是夺取胜利的法宝，也是衡量运动员训练水平高低的重要标准，又是反映运动员的知识、技术、心理、智力因素的综合指标。所以战术美也是运动美的要素之一。运动战术美的根源在于运动员要根据比赛双方的情况，正确地分配力量采取合理的行动，发挥己方的特长，限制对方的优势，是夺取比赛胜利的一种艺术。技术是战术的基础，又是战术的表现形式，全面熟练、准确实用的技术是实现战术的先决条件。战术之美又是战术意识的体现，是战术意识的创造之美。战术美集中表现在对抗项目中限制与反限制、发挥与反发挥、制约与反制约之中。战术美的实质是：扬我之长，避己之短，避实就虚，灵活多变，为我所用。

（三）技术风格美

技术风格美是在体育运动中体现运动员或运动队的技术、战术的特点和特长之美，其实质是技术的个性之美。世界上各种事物的运动之所以显示出千差万别的复杂情况，正是因为事物内部的矛盾各有其特殊本质。一种技术风格的形成，都是通过内部矛盾发展变化而成的，运动队或队员的技术风格，不只是外部表现，也是内在因素的反映。正是他们分别根据自己的特点和条件创造了与众不同的风格，才构成自己独特的风格之美。条件对于树立独特的技术风格是很重要的，它可分为有利的和不利的。风格的独特性往往是在不同的条件下形成和发展起来的。因此变不利条件为有利条件常常是提高水平、赛出成绩、培养技术风格的关键。有了特殊条件，也就有了特色，但只有特点还不能构成技术风格美，必须使特点发挥到具有超过对手、赢得对手的能力，使它向风格上做一个能动的飞跃才是风格美。所以说，风格美也是运动者的一种独特的创造。它是一种技术的个性之美。实践证明，一个运动员或团队如果没有自己鲜明的技术风格，要想在国际体育大赛中获得优异成绩是不可能的，因此，有人把技术风格称为运动员技术上的灵魂。例如，我国的乒乓球运动在走向世界时就形成了自己的风格。当时，我国直拍技术风格的形成就是融汇了国内外的先进技术，逐渐形成了我国直拍的"快、狠、准、多、变"的技术风格。

在运动中之所以能表现出技术风格之美，是因为比赛都有一定的规则，但规则限制不是死的，运动员可以在不违反规则的前提下，施展各种各样的技术，这就在客观上提供了依据自己的特长，去创造表现自己独特的技术风格美的机会。由于事物矛盾的复杂性，运动中的技术风格也是多种多样的。每个民族、国家、地区的运动员都有其特殊的精神风貌和民族气质，这种风貌和气质必然会表现在运动员的技术风格之中，这也使体育运动风格之美呈现出民族特性。欧洲人踢球讲究力量、速度、凶狠、勇猛，故有其粗犷的技术风格之美；而南美人踢球讲究技巧，故有细腻的技术风格之美。不同技术风格来自积淀着不同的民族的文化传统、性格、审美心理等因素，所以呈现出来的风格之美也是多样的。

第三节 体育的审美创造

一、体育审美创造的尺度

如何才能创造出美的形体，美的运动技术和战术呢？或者说，创造什么样的形体、运动技术和战术才算美呢？要回答这个问题，就必须探讨体育审美创造的尺度。

体育的审美创造之所以能够产生，其原因就在于它能满足人们的某种目的和需要。美国行为科学家马斯洛认为，人们的需要有五个层次，即生理需要、安全需要、社会需要、尊重的需要和自我实现的需要。在原始社会时期，由于生产力水平低下，人的需要很简单，主要是生存的需要。为了生存的需要，原始人学会了跳跃、投掷、攀登、游泳等基本技能，但是在这些技能中已经包含着朴素的体育美的因素，当然，这时作为真正意义上的体育尚未形成，随着生产力的进一步提高，人们产生了对享受的需要，体育逐渐从劳动中分离出来，成为一种独立的社会活动。这时体育活动已不仅能满足人们的生存的需要，而且还能满足人们享受的需要，随着生产力的不断提高、人的需要的递进，体育的审美创造也在不断扩展。

体育审美创造合乎人的目的和需要的尺度，从审美主体看，正是人们享受的需要，即人们不断增长的精神文明的需要，从而成为人们体育审美创造的尺度。例如，随着现代社会的文明进步，人们产生了创造以"健"与"力"为基础的追求更美的人体美的需要，此时健与美相结合便成为人体美的创造的尺度。

体育审美创造合乎人的目的和需要的尺度，从审美客体来看，为了满足体育运动发展的需要，现代化的场地、器材和设施，如塑胶跑道、人造草皮、海绵垫等逐渐被创造出来。又如为了满足人们的某种目的和需要，各种各样的运动服装也随之被设计出来。摔跤服为免受撕破，因而坚韧；登山服为御寒，有意加厚；游泳衣要克服阻力，因此短小等。可见，一切与运动有关、为运动服务的物质手段，必须首先合乎社会的功利目的，能满足人们的审美需要。

综上所述，体育审美的尺度在于符合人类的需要和目的，其合乎目的性是人类体育审美创造的动力，推动着人类不断进行审美创造，使体育从低级形态逐渐向高级形态发展。

二、体育审美创造的规律

体育审美创造尺度在于满足人的某种需要和目的，而实现这一需要和目的的行为和过程，不是杂乱无章、盲目自发的，而是体育运动的主体——人有目的、有意识、自觉地按一定的客观现实的规定进行主体性创造活动的结果。也就是说，在创造活动中，人作为体育审美创造的主体是有规律可循的。

体育审美创造的规律是客观存在的。人作为体育运动的实体，为了满足一定需要和目的，在进行体育运动过程中，总是根据自己的审美意识和审美情趣，去创造自身认为是美的有利于实现自己享受目的的技术构成和战术构成。因此，从整体上看，凡是有人群在进行体育运动的地方，体育审美创造规律就随之存在。它正是体育美学研究的对象和内容之一。

体育运动主体的人本质力量对象化的结果是体育审美创造的规律的发生和发展过程，是体育审美创造的规律通过主体的参与、主体的意识和创造实现的，体育美作为体育运动的自由形式，是创造主体实践本质的对象化，包含着现实的体育运动发展的本质规律和理想的具体形象。因此，体育审美创造规律是在主体参与的情况下实现的，是主体的本质力量的对象化过程中所形成的支配审美活动的规律。

创造主体的实践活动与体育运动的客观实践相一致形成了体育审美创造的规律的发生和实现，在实现主体的目的和需要过程中，体育审美创造的规律的发生和实现表现为对体育美的本质、内容、形式以及具体体育美的形态的总结和反映，表现在对体育美的价值评价，表现为体育的审美意识和审美特征的研究探索。总之，全面反映在人作为主体的审美活动中。

综上所述，体育运动的主体是体育审美创造规律，为了实现一定需要和目的坚持创造活动与客观现实相结合的过程及其本质的反映。简言之，体育审美创造规律是在体育运动实践中发生和发展的为实现某种目的的有意识的活动。可见，这一规律反映了主体、实践和客体现实之间的内在的本质的联系，是体育运动特有的规律，是重要的体育美学原则。

三、不同形态的体育的审美特性

（一）群众体育的审美特点

1.具有较强的自我意识特点

群众体育中，参加者基本都是自觉自愿的。它既不像学校体育那样是国家规定的、非自愿的、有计划的必修课，又不像竞技体育那样存在着激烈的竞争和为运动成绩的提高而付出超人类极限的艰苦训练，也不像竞赛项目那样受规则的限制。它不追求高水平，也不追求创纪录，几乎是随心所欲，按个人的兴趣、爱好和需要去进行、去选择，去寻求适合自己的体育活动内容和方法。因此，群众体育的审美评价完全受参加者自己的意识影响，具有很强的自我意识特点。

2.具有很强的个人功利特点

群众体育是社会各界各类人员自愿参加的体育活动。一般来说，参加者个人的目的性很强，个人的动机十分强烈，或为自身的健康，或为自身祛病强体，或为达到某一个愿望等。它不像学校体育是为增强青少年的体质，提高健康水平，使学生学会后终身受益，又不像竞技体育除了运动员自己提高技术素质，还给广大观众带来业余文化生活的精神享受。它完全是个人行为，带有很强的个人功利性特征。

3.具有随时代不断变化的特点

人们的社会生活是随着经济的发展和观念的改变而不断发生变化的。因此，人们对不同历史时期体育活动的内容、接受的程度、体育美的认识就不尽相同。历史的发展造就了不同时期人们不同的体育活动内容。群众体育审美的特性总是在不断变化的。

4.具有很明显的区域性特点

由于区域的不同，人们对审美的评价亦不同，所欣赏的体育项目及参加的体育活动亦不尽相同。例如，新疆、内蒙古等少数民族聚集地，马背上的体育活动和摔跤、舞蹈十分盛行，而太极拳就十分鲜见了。东北黑龙江地区盛行滑冰、滑雪等体育活动，而广东、广西群众参加龙舟比赛的热情却十分高涨。人们的体育活动受区域文化和生活习惯的影响，也受自然环境的制约，从而使局部地区对群众体育的审美评价和内容不尽相同。

5.具有很强的休闲性特点

科学文化的发展，使许多体力劳动变为科学化的操作，人们休闲的时间越来越多。同时，生活水平的提高，使人们不再单单为衣食而忙碌奔波。于是，人们开始追求健康的文体活动，安排闲暇时间。因此，休闲体育成为群众体育中一个最热门的活动。人们在休闲之时，选择自己喜爱的活动，以一种积极的休息方式调节和缓解高度科学化工作所造成的紧张情绪和疲惫身心，以此来达到健康身心的目的，追求一种美的享受。例如，这些年兴起的钓鱼、游泳、跳交谊舞等，就是一些休闲式的体育活动。

（二）学校体育的审美特点

1.对身体健康美的认识是学校体育审美教育最突出的特点

学校体育教学的目的与任务之一是增强体质，促进学生身体各部分发育和机能的提高，掌握体育基本知识、技能和科学的锻炼方法，养成锻炼身体的习惯。此外，学校体育更重要的是通过体育活动，使学生学会发现和欣赏自己身体所显现出来的健康美、体型美、姿态美和动作美。其最突出的特点就是培养他们从小就形成对健美的体格、端正的姿态、轻捷矫健的动作等所展现出来的美的认识和追求。

2.心灵美的体育审美教育与学校思想品德教育相一致

人是不同于一般动物的有思想的高级动物。人在长期发展过程中，已形成了人类社会所共有的许多高尚的思想品德。学校是培养人的高尚品德的场所之一，而体育活动又时时显现出顽强拼搏、公平竞争，具有荣誉感、集体主义等思想品德方面的心灵美，这正是学校体育审美教育的主要任务，也是学校体育教学本身所具有的特点，更是学校德育的一个重要方面，是学校教育贯穿始终的教学内容之一。

3.教师对体育美的认识和修养程度对学生有重要的影响

教师在教学中起着主导作用。体育教学中体育教师自身对体育美的认识和修养的程度，直接影响着学生。例如，示范动作，是做得优美标准，还是勉强凑合，从直观上就会给人一个美或丑的印象。又如，教师自身思想修养高尚与否，在指挥比赛时就会表现出来，会直接影响学生思想品德心灵美的培养。有的学校代表队在比赛中出言不逊，甚至打架斗殴，都直接反映出教师对体育美的认识和修养水平较低，所以提高教师的体育美学修养是不容忽视的。

（三）竞技体育的审美特点

1. 观赏性

竞技体育最大的特点就是具有观赏性，观赏的过程就是一个审美的过程。运动员在场上的拼搏，也可以称为表演，是高难度的各类技术的表演、身体健美的表演、展示力量的表演、战术演练的表演、意志品质的表演、顽强拼搏的表演。竞技体育的表演不同于艺术类的舞台表演，它是人体向极限的冲击，它是在争夺名次的竞争中进行表演，给观众以较强的刺激。尤其是在国际比赛中，人们带有倾向性的观赏，更使人们的心理随着赛场上的变化而变化，其观赏的吸引力超过人类许多活动的吸引力。

2. 创造性

新陈代谢，推陈出新，是竞技体育存在的生命线。竞技体育的存在、竞技体育的发展，都是与创新、发展、胜利结伴而行的。从某种意义上说，比赛就是比创新，谁有创新，谁夺得胜利的机会就大。新和美是经常联系在一起的，新的东西，往往有美的欣赏价值。现在观众对美的感受随着时代的发展、生活方式的变化、文化水平的提高在不断地更新，因此，竞技体育的内容也应不断调整，以适应新的变化。正由于竞技体育不断涌现出新项目、新纪录、新技术、新动作，才保持了它的生命力和吸引力。

3. 真实性和平等性

竞技体育比赛是在众目睽睽之下进行的，比赛双方处于完全平等的地位，条件是均衡的，每个运动员都有同样的机会展示自己的技能，还有公正的裁判来约束你的行为，大家取得优异成绩的机会也是均等的。比赛的结果不能改变，竞技的场面不能重复，要取得好成绩，就得有真功夫、真本领，一切都是实实在在的，毫不含糊。这就是它的真实性和平等性。

4. 丰富性

竞技体育不但在竞赛中充分表现出人体美和技术、战术巧妙结合的美，而且在其他方面也颇具审美价值。如大型竞技场馆雄伟的建筑，新颖的造型，优美的体育场环境，各种体育造型的雕塑，色彩丰富的彩旗、气球、火炬等的搭配，大型团体操或艺术体操的表演，运动员的服装和体育器材的色彩，以及运动员在场上表现出的高尚的道德、亲密的友情、优美的动作造型、奋力拼搏和积极进取的意志等，都体现出极其丰富多彩的审美内容，广大观众就是在这美的欣赏中，接受了教育，得到了陶冶，振奋了精神。

5.国际性

体育是属于全世界人民共同拥有的文化财富，尤其是竞技体育。"竞赛是运动员的节日"，这句话真正道出了体育属于世界的性质，体育是世界人民之间交往沟通的最好的桥梁。对竞技体育的审美情趣，历史上虽然因地域及人文方面的因素存在着许多差异，但随着国际体育交流的日益频繁、科学技术日益发展，地域和民族间的差异逐渐缩小而日益国际化。审美情趣向共同化方向发展、这是历史进步的表现。如对足球的欣赏，在世界上已形成一股巨大的潮流，每次世界杯比赛，全球亿万观众都处在一种极度的兴奋之中，似乎不谈足球，人们的生活就失去了乐趣。竞技体育审美的国际性，已成为历史的必然。

四、不同形态的体育审美创造

（一）群众体育中的审美创造

群众体育的审美创造与群众体育的审美特性密不可分：它主要表现为群众参与体育运动的自我意识性、个人的功利性、积极的休息性、时间性和民族区域性。因此，群众体育的审美创造要从它所具有的审美特殊性出发。首先是群众体育的自我创造性。群众参加体育运动是有目的性和强烈的需要的，是他们实践的自由形式，即他们对体育美的追求；是他们乐于接受和实行的，符合他们要求的都是审美创造的内容，要予以鼓励和提倡。其次是群众体育有明确的个人功利性。这是通过体育运动的一种合目的和合规律的活动，正是体育美的一种表现，正符合体育审美创造原则，应充分肯定和评价。此外，群众体育积极的休息性，是群众能够积极参与、身体力行的重要动力，是他们自我现实需要的满足，群众体育审美创造具有巨大的原动力即在于此。从北到南、从东到西亿万群众对体育的向往，体育社会化进程的加速，体育服装的流行，无不与此息息相关。

（二）学校体育中的审美创造

学校体育的审美创造是与学校体育审美特殊性分不开的。它主要是以塑造青少年的健康身体为基本出发点，以健康的心理和品德教育为求要内容，以教师的审美情趣为教育学生的主导。因此，学校体育的审美创造首先要以有利于青少年身体健康成长为目的，要服务于青少年成长需要。青少年的身体健康体现在肌肉的合理和理想结构，身材合乎比例、匀称，动作自然、敏捷，反应灵活等方面，因而，体育的审美创造就要为青少年这些健康标准的实现而进行有意识的活动，对有利于他们成长的体育项目和活动进行美学评价。其次，要有利于青少年健康的心理养成和品德的培养。在学校体育运动中从审美创造视角应提供以充分肯定和激励一切有利于学生健康心理养成品德培养的项目，这才符合青少年发育的自然规律和社会发展的需求。此外，要以培养教师审美的体育情趣为中心，使教师能自觉、能动地参与组织和指导青少年的体育活动，要使教师们都以青少年的健康美为教育目标之一，使教育为提高全民族的素质落到实处。为此，学校体育审美创造活动要以教师为中心，是体育配合德育、智育的教育，从而使青少年成为全面发展的新人。可见，学校体育的审美创造是学校教育，特别是学校体育教育的基本环节之一，是实现教育方针的重要内容之一。

（三）竞技体育中的审美创造

竞技体育的审美创造是与竞技体育的审美特殊性分不开的，它具有国际性、新奇性、真实性、平等性和丰富性。竞技体育的审美运动是在个体和群体、运动员和观众之间相互交融、相互渗透的情况下发生的。因此，竞技体育审美创造已经突破了区域的限制，一场高水平的足球赛通过现代化手段立即成为国际性的运动，而且，在其创造过程中更是结合了美、难、新三个方面。所以，创造是竞技体育的生命和灵魂，美、难、新的技术动作的构成是完全符合审美创造要求的。竞技体育在众多的创造活动中（包括自然科学中的其他创造活动）最为突出和快速传播，如竞技体育向人体极限的迈进，有力地显示了人的创造力和征服力，体现了人的崇高和伟大，体现了体育审美创造要求和目的的实现，往往令人神往。真实性、平等性和丰富性既是审美特性，又是体育审美创造的原则和要求。创造必须真实才是美的、善的，而创造是平等的，识、德、才、学可以迸发出来。最具公开度和影响力正是竞技体育审美创造成果的特点之一。

第六章 艺术美与学校美育

现实生活中的美虽然广阔、生动和丰富，但是，它们毕竟比较粗糙和分散，而且受一定的时间和空间的限制，因而不能充分地满足人们的审美需要。而艺术美则比现实美更集中、更精粹、更典型，更有强烈和永久的魅力，它可以不受时间和空间的限制，把现实美保留下来和流传下去，能更多地满足人们的审美享受，并且它还加深了人们对现实中的美的感受和领会，影响着人们的思想感情，唤起人们对生活的热爱和美好事物的向往，推动人们以更大的热情去进行现实美的创造。艺术美的审美价值是它所独有的，是任何物质产品和其他精神产品无法比拟和不可代替的。因此，艺术美的创造占有特殊重要的地位，它是美的创造的最集中的体现，是人类审美意识的能动性的最高程度的体现。

本章让我们一起走进艺术美的大世界，了解艺术美的本质、特点以及审美功能，解读怎样去欣赏艺术美、创造艺术美。

第一节 艺术美及其审美功能

艺术美在美的形态中有着特殊而重要的地位。艺术美与现实美相比更纯粹、更具魅力。因为艺术美是比常人有更丰富、更强烈的审美意识和情感的艺术家运用各种特殊的操作技巧展现给人们的美的形象，对艺术作品的欣赏和一定的艺术创作实践，是大学美育的重要手段。

一、艺术美及其本质

（一）什么是艺术美

艺术美是指各种艺术作品所显现的美。艺术美作为美的一种形态，是艺术家创造性劳动的产物。艺术家的创作活动作为一种精神生产活动，从本质上说，也是人的本质力量的定向化活动。因此，艺术美也就是人的本质力量在艺术作品中通过艺术形象的感性显现。现实美往往受到时间和空间以及其他条件的限制，不具有对现实美进行集中概括反映的艺术美所体现出来的精粹性。艺术美在美的各种形态中占有极其重要的位置，历来是美学家们研究的重点。集德国古典美学之大成的黑格尔，高度重视艺术美，煌煌百余万言的美学巨著，就是围绕着艺术美为中心而展开的。

艺术作品一般由三个层次共同构成，这就是艺术语言、艺术意象和艺术意蕴。与此相应，艺术美表现在艺术的各个构成层次中。艺术美既闪耀于艺术语言之上，又充盈于艺术意象之中，也辉映于艺术意蕴之内。只要细细品味便可感觉，每一位大艺术家都有独特的语言风格，表现出别具一格的语言美。艺术意象的美，在于真实、生动、新颖、具有典型性，如米开朗其罗期造的《大卫像》、曹雪芹刻画的贾宝玉、贝多芬创作的《命运交响曲》。至于艺术意蕴，越是丰富、深邃、有独到之处，见人之所未见、发人之所未发，就越显出艺术美。

人们只有通过对艺术形象的欣赏才能够感受到艺术作品的美。艺术是需要人们接受的，音乐需要人去听，舞蹈需要人去看，影视剧需要人去欣赏，至于绘画、雕刻、建筑、文学等，也都需要人去欣赏或阅读。艺术形象是对现实生活中各种现象加以艺术概括所创造出来的具体生动的图画，它是丰富多彩的。不能把艺术形象仅仅理解为人物形象，一派动人的景色、一阵欢乐或者哀痛的思绪、一幅熙熙攘攘的生活图画、一种气氛、一种情趣等，它们都是艺术形象，如裴多菲的"生命诚可贵，爱情价更高。若为自由故，二者皆可抛"，在这里根本就没有人与物的具象，但当读者读到这些火热诗句的时候，心中就可以浮现出一个为自由而献身的崇高形象。

（二）艺术美的本质

所谓本质，是指事物本身所固有的、决定事物性质、面貌和发展的根本属性。艺术美的本质是诸多对艺术美认识的本质抽象。

1. 艺术美是主观和客观的统一

艺术美来源于现实生活，艺术美是艺术家对现实生活进行再创造的产物。马克思主义美学理论认为，就艺术美与现实的关系来说，现实美是艺术美的唯一源泉，属于社会存在的范畴，即第一性的美；艺术却属于社会意识范畴，是精神产品，第二性的美。艺术美不是人们头脑中固有的，或凭空产生的，而是人类对客观事物审美经验不断积累的结果，是现实美在人类头脑中客观反映的产物。它是人类对现实美的审美意识的物化形态，是艺术家对现实美的加工和创造的结果。

艺术美来源于现实生活，但并不仅仅是现实生活的机械反映或简单再现。没有艺术家对现实的加工、改造，艺术美也是不可能产生的。艺术创造的过程，包含着艺术家强烈的主观性因素。歌德曾说："艺术要通过一种完整体向世界说话。但这种完整体不是他在自然中所能找到的，而是他自己的心智的果实，或者说，是一种生产的神圣的精神灌注生气的结果。"艺术美的主观性，也正是通过艺术家在创作过程中渗透的浓重感情色彩而表现出来的。

2.艺术美是内容与形式的统一

艺术美是形式美和内容美的完美统一。任何艺术作品都有形式和内容两种必不可少的因素。形式是外在的，内容是内在的。面对一件作品，我们首先接触到的是直接呈现给感官的外在物质形式，然后领会这种物质形式所指引出来的内在意蕴。但作为艺术创造的结果，每件作品都是一定的形式和一定的内容的结合。有的作品，形式和内容结合得好，完美统一；有的作品，形式和内容结合得差，无法实现统一。

艺术形式的创造，需要一定的物质材料，比如绘画用线条色彩，音乐用旋律音调，舞蹈用形体动作，文学用语言文字。但是，物质材料本身还不是艺术形式，只有把物质材料按照美的规律予以改造，结合为整体，使它具有表现力，物质材料才能化为艺术形式。作为已经完成了的产品形态，文学艺术作品本身有它自己的内容和形式。由作家、艺术家创造出来的文学艺术作品，是把反映生活的结果物化在物质手段中，或者说，把脑海中的构思外化为物质符号。内在的构思体现于作品，成为文学艺术的内容，而外在的物质体现则是文学艺术的形式。只是停留在脑海里而还没有得到物质体现的构思，还不成其为艺术内容；只有体现在作品中的构思，才是艺术的内容。艺术构思的完美，体现在作品中，形成艺术内容的美。我国的汉字，本身就兼有形、音、意三美，用汉字创作的文学，更集形、音、意三美于一身："意美以感心，一也；音美以感耳，二也；形美以感目，三也。"形美、音美，属于文学的形式美，而意美，则是文学的内容美了。

艺术美是内容和形式的完美统一，就是要以相应的、贴切的艺术形式来表现各自不同的审美内容，浑然一体、相得益彰。我国传统文艺理论中最推崇的艺术形式美是"浑然天成""清水出芙蓉，天然去雕饰"，这就是指艺术作品的形式完全贴切自然地表现了作品的内容，不露人工雕饰的痕迹。

3.艺术美是真与善的统一

真，就艺术美来说，是指它所反映的真实性，它包括客观和主观两个方面，即客观的真实生活和主观的真情实感。"真"是指那些具有本质意义的事实，而那些没有本质意义的事实，就不叫作真实，也没有审美价值。艺术家必须通过描写生活现象反映生活的本质。艺术还要以情动人，缺乏真情实感的作品就不能打动人心，实际上也难以称其为艺术。

善，是艺术作品的美的前提。就艺术美来说，"善"是指它的内容中所显示出来的特定的社会、阶级、人群伦理道德上肯定性的品格。它实际上指的是艺术作品描绘的艺术形象所蕴含的积极的社会意义。它和人的生活目的是密切联系在一起的，它反映着人们的利益、愿望、要求，往往具有功利性。

二、艺术美的特点

一部真正称得上美的艺术作品，总是要反映出客观生活本身所具有的审美属性，也要显示出艺术家对待生活的审美理想，同时，在艺术表达上，还必须具有完美、生动的形式。因此，艺术美的美学特性有三：集中性、永久性和综合性。

（一）艺术美具有集中性

各种体裁的文学作品、音乐作品、绘画和雕塑作品都不是对现实事物的简单模仿，它们往往是对某一类事物特性的综合反映，从而集中反映此类事物的本质。艺术美是艺术家把一些分散的美集中起来，进行艺术的概括，创作出来的典型形象，因而，艺术美比现实美更集中、更强烈、更具有普遍意义。

艺术家能够将现实生活中的事物，无论是美的还是丑的，通过集中、概括，使之成为渗透着艺术家情感评价的艺术形象。尤其是化丑为美，是把丑的内容以一种和谐优美的艺术形式展现在欣赏者的面前，使其得到审美情感的满足。

而艺术美的集中性还突出地体现在它的典型性。艺术典型的共性、代表性，指的是它体现了事物的某些质的特征，表现了事物的某些内在联系和发展趋势。

恩格斯称赞巴尔扎克的作品"汇集了法国社会的全部历史"，甚至在经济细节方面，"所学到的东西，也要比当时所有职业的历史学家、经济学家和统计学家那里学到的全部东西还要多"。这就是因为，巴尔扎克提供的一个艺术典型，深刻地概括了资本主义制度的本质特征。

（二）艺术美具有永久性

艺术美属于社会意识形态，它的发展变化并非总是与社会同步的。社会改变了，旧有的艺术并不立即发生变化，而是保留下来。在人类历史上，那些曾产生过重大影响的真正的艺术作品，一般是不会随着时代的发展而丧失其美的价值的。艺术美有其自身的发展规律，在艺术作品中，人们可以窥测出前人的思想观念、审美理想、审美趣味。而艺术的形式因素具有相当大的适应性，某种艺术形式往往能被不同时代的艺术家所借鉴运用。在前人留下的艺术作品之中，不仅反映出那一时代的艺术家的观念问题，而且还反映出他的创造技巧问题。不论前人遗留下来的艺术作品的审美价值如何，它都以稳固的形式让人们进行借鉴。

基于上述原因，艺术美一旦被创造出来之后，便具有永久性，就可能超越时空，流传久远。

（三）艺术美具有综合性

艺术美具有综合性是指艺术美具有美的综合和综合的美的特性。所谓美的综合，是指艺术创造是按照美的规律和法则，在艺术家审美观念指导下对各种艺术元素的综合，把分散导向统一，把不和谐导向进行和谐。所谓综合的美，是指艺术中各因素在一定关系条件下共同呈现出来的美。这种美的综合和综合的美表现在对单象美、个体美的综合以及对综合美自身的再综合。通过综合使艺术所呈现的综合美比其他任何形式的美都更集中、更丰富、更强烈。

单象美是指个体事物中构成因素或构成事件的美，如一朵花中，花的颜色、形状或花蕊、花瓣的美是单象美，一片树叶的叶形、叶色、叶脉是单象美。而个体美是单个而完整的事物所呈现的美。一个人、一棵树、一个月亮可以是美的，一场风雨、一片云霞、一道彩虹也可以是美的。电影中的特写镜头、绘画或雕像中的细部造型、文学作品中的细节描写，都是艺术对单象美的综合表现。另外，艺术美又以塑造性格鲜明的具体艺术形象为前提进行综合，使作为个体形式的艺术形象更加有生气，甚至会吸收一些不影响个体美的某些不美的甚至丑的单象，使作为艺术形象的个体更为丰富、复杂。

三、艺术美的审美功能

艺术美具有独特的审美功能。它具有审美娱乐、审美认识和审美教育的功效。

（一）审美娱乐功能

审美娱乐功能是指通过艺术活动能够使人获得视听感官的某种快感和感觉上的美感，给人以精神上的满足和愉悦。人们去剧院看戏，去看电影，去展览馆参观绘画、书法、摄影展览，以及听音乐、阅读文学作品，都是为了获得一种审美享受。人们在欣赏艺术作品时，其想象、情感、认识等各种心理能力便被激发而活跃起来，进入一个忘我的艺术世界，开始了不同的心理体验的过程：或悲哀，或喜悦，或愤怒，或感到崇高，或觉得渺小……进而获得了一种精神上的满足和愉悦，也就是说，获得了审美享受。

欣赏齐白石画的虾，看那生动传神、妙趣横生的姿态，犹如在清澈的水中浮游一样，能产生清静、自由、舒心之感；观赏徐悲鸿画的奔马，看那活泼多姿、优美自然、充满旺盛的生命力的神态，能产生奔腾、令人兴奋的鼓舞力量。可见，愉悦感往往是与陶冶人的情操结合在一起的。

（二）审美认识功能

艺术家在选择材料、提炼材料、组织材料进行艺术创作的时候，同样不可避免地把自己的思想、情感、趣味体现在了作品里，换言之，艺术作品在包容客观真理性的同时，也容纳了艺术家主观的真实，因此，欣赏一件艺术作品，除了可以感知客观的东西外，欣赏者同时也必然将接触、深入艺术家的主观世界，参与创作者的精神活动，并在主体与客体的情感交叉活动中，引起精神的共鸣。因此，艺术作品能使人们认识自然、认识社会，同时也能认识艺术家、周围的人以及我们自己。

艺术是通过表现感情来唤起感情的。表现创造主体的感情，正是为了唤起欣赏者同样的感情。列夫·托尔斯泰说过："在自己心里唤起曾经一度体验过的感情，在唤起这种感情之后，用动作、线条、色彩、声音以及言辞所表达的形象来传达出这种感情，使别人也能体验到这同样的感情——这就是艺术活动。"艺术美唤起欣赏者美好感情的过程，就是欣赏者的感情受到陶冶的过程，亦即他的审美能力得到提高的过程。另外，艺术的目的就是追求美。不仅在内容上，艺术家要追求美，而且在形式上也要追求与内容适合的完美性。人们通过对艺术中的美的感受，不但提高了艺术趣味，而且也提高了对艺术的理解力，一句话，提高了对艺术美的欣赏水平。由于艺术美来源于现实生括，所以，在提高了对艺术美的认识的同时，必然也提高了对现实美的认识，并且促使人们去追求更高的美。

我们可以从周口店遗存的石器或阿尔塔米拉的洞窟壁画中认识原始社会的狩猎经济；也可以从马王堆汉墓帛画中认识我国早期封建社会的文化、信仰和统治阶级的奢侈的生活；更可以从敦煌艺术宝窟中比较全面地认识从十六国到宋、元各个历史时代的社会生活、风土人情以及经济、政治、军事、文化、宗教、民族生活的情况。

（三）审美教育功能

艺术作品是人类审美意识的物化形式。它不仅能使人赏心悦目，满足审美需求，而且还能从精神情操上陶冶人、提高人，帮助人们形成健康的价值观念，培养和发展全面的和谐的个性，启迪和引导人们根据美的规律来塑造自己，改造世界。这就是艺术的审美教育功能。

在我国，早在两千多年前，著名的思想家和教育家孔子便十分重视对"诗""乐"的学习。他把规范社会政治制度以及伦理观念的"礼"，和近代艺术审美教育的"乐"相提并论，共同置于学校教育科目"六艺"——礼、乐、射、御、书、数的前列。他认为，礼可以安邦治民，乐可以移风易俗。要治理好一个国家，礼、乐是相辅相成、不可缺少的。他非常重视艺术教育的作用；"诗可以兴，可以观，可以群，可以怨。迩之事父，远之事君，多识于鸟兽草木之名。"而其后的荀子则更进一步在《乐论》中指出"夫声乐之人人也深，其化人也速"。鲁迅曾说过："美术可以辅翼道德。美术之目的，虽与道德不尽符，然其力足以渊邃人之性情，崇高人之好尚，亦可辅道德以为治。物质文明，日益曼衍，人情因亦日趋于肤浅；今以此优美而崇大之，则高洁之情独存，邪秽之念不作，不待惩劝，而国人安。"依鲁迅的见解，文学艺术是用思理以美化天物，总称美术。不仅雕塑、绘画、建筑、音乐等是美术，而且文学、戏剧等也是美术。文学艺术的主要功能，就在"发扬真美，以娱人情"。鲁迅和蔡元培一样，倡导美育，关心美术，以期"发美术之真谛，起国人之美感"。

艺术之所以能产生教育作用，是因为艺术的本质在于审美。一件艺术作品就是一个审美对象。艺术家在创作过程中，不仅反映现实，而且还会对现实生活做出评价，由此提出自己的理想或愿望，表达自己对人生与客观世界的体验和感受。因此，人们在欣赏艺术作品获得美感享受的同时，还学到了知识，受到了教育，陶冶了情操，培养了想象力和创造力，使个性得到全面和谐的发展。

而艺术美的教育功能最独特之处，在于它不是通过伦理的、理性的、教诲式的方式给人以直接的教育，或者说它不带有一般教育的强制性，而是使人在不知不觉中受到教育，它是以潜移默化的形式来实现的。"随风潜入夜，润物细无声"是艺术审美教育功能的形象体现。

在此基础上，艺术美在推动社会生活前进方面，具有特殊的价值。艺术美能够征服人心、鼓舞人心，在人们心头燃起为实现理想的生活而斗争的火焰，进而达到推动社会生活前进的最终目的。

第二节　艺术美的欣赏

英国 19 世纪著名哲学家赫伯特·斯宾塞的《教育论》中有句名言："没有油画、雕塑、音乐、诗歌，以及各种自然美所引起的情感，人生乐趣会失掉一半。"每个人都希望自己的生活能够多姿多彩、愉悦充实，聆听一首名曲或欣赏一幅名画都能够从中感受到艺术美，这无疑是一种美的享受。但更多的人认为自己没有艺术天赋或缺少艺术细胞，寄希望于下一代，把他们培养成艺术家。事实上，没有成为艺术家并不遗憾，艺术家虽然能够从自身的创作中获得某种满足，但他们必须不断地实现自己的创作理想或调适个人的社会价值观，而在整个艺术创作过程中的艰辛、困苦、压力只能自己承受；而唯有欣赏者能够真正从艺术中得到完全的满足。

"艺术欣赏就是读者和观众对艺术家所创造的艺术形象（或艺术意境）进行感受、体验、领悟、理解，从而获得由浅入深、情理结合的审美把握。在这个过程中，人们既可以得到愉耳、悦目、赏心、怡神的美的享受，又可以得到思想、认识、情操、道德等方面的教益。"而艺术欣赏，从根本上说就是对艺术美的欣赏。艺术美的欣赏，有自己所固有的性质、特点和规律，只有清楚地认识对艺术美进行欣赏的一些基本问题，才能提高人们的审美水平和对艺术美的鉴赏能力，才能有效地指导人们的审美实践活动。欣赏活动主要包括文学、美术、音乐、影视等的欣赏。

一、艺术美欣赏的性质及特点

（一）艺术美欣赏的性质

艺术作品虽然相对于客观现实生活是第二性的东西，是观念形态性的东西，但是作为一种客观存在，对欣赏者的主观意识来说，它又是第一性的东西。艺术欣赏作为对艺术作品美的内容和形式的反映，本质上说，是一种审美活动。这种物态化的艺术形象是成型的、确定的、单一的。艺术欣赏的审美活动，以艺术形象为对象，将这种物态化了的艺术形象观念化。这种呈现在欣赏者头脑中的形象则是不成型的、非固定的，因而也是多样化的。《红楼梦》作为对现实生活审美活动的结晶，只提供了一个林黛玉形象，但在成千上万欣赏者的头脑中则有成千上万个林黛玉的形象。

艺术美欣赏的根本标志是有无审美评价和审美享受。在欣赏艺术美的过程中，人们总是自觉不自觉地根据一定的审美理想、审美标准、审美趣味，从作品中获得对艺术形象的具体感受和体验，展开联想和想象，并伴随一系列的情感反应，从而对作品做出某种审美评价，得到某种精神上的满足，即审美享受。怎样得到这种感受呢？别林斯基认为："对我们来说，没有知识就没有欣赏。如果有人说，某一作品使他感到欢欣鼓舞，却不清楚这种情感到底是什么，追究不出这种情感之由来，那么，这种人就是自欺欺人。为一部不能理解的艺术作品而引起的喜悦，是一种令人痛苦的喜悦。"

艺术美欣赏具有直觉性。艺术作品是通过具体可感、鲜明生动的艺术形象来感染人、打动人的。普列汉诺夫说："一件艺术品，不论使用的手段是形象或声音，总是对我们的直观能力发生作用，而不是对我们的逻辑能力发生作用。"当我们看到一幅画、听到一首乐曲、观赏一出戏剧时，会立刻产生一种特殊的情绪、情感，或感到十分美好，或感到极其平庸，甚至会感到丑陋险恶。需要指出的是，这种直觉性不同于那种先天遗传因素所决定的生理机能，而是融感性经验和理性认识于一体的一种高级阶段的心理机能。

艺术美欣赏还具有再创造性。从一定意义上说，艺术家创作的艺术作品并不是单方面提供的，而是欣赏者本人参与创造的。艺术作品中留有的许多空间要由欣赏者自己去填补。比如文学和诗歌，因为它是用语言来塑造艺术形象的，不能用确定的形体或声音直接作用于人的感官，必须凭借欣赏者丰富的想象——再创造才能在头脑中形成栩栩如生的感人的形象。戏剧舞台、中国绘画的许多"空白"，电影、电视剧的悬念，都需要观众用自己的经验、想象去展现、补充。欣赏者在欣赏艺术作品时，对艺术家在作品中留下的"空白"予以理解，在脑海里形成形象，进而使艺术作品的意蕴更为丰富，这就是艺术欣赏的再创造。比较典型的是《哈姆雷特》，这部融合谋杀、暴力、复仇、情欲、疯癫与欲望的莎翁名剧，一直被全世界推崇。"一千个读者眼中就会有一千个哈姆雷特"已经成了一句惯用语，也就是说，每个立场不同的人可以在这本书里看出完全不同的意境。

（二）艺术美欣赏的特点

1. 艺术美欣赏的突出特点是它的娱乐性

看电影、看小说、看画、听音乐，在一般情况下，不是去寻求什么教育，而是去寻求美感享受的。这美感享受又是以愉悦为主要特征。在繁重的工作之余，听上一段《意大利小夜曲》，轻松舒快，疲劳顿消，或观赏、品味王羲之父子的书法，只感到秀气扑人，精神大振。如果有一段较宽裕的时间，读几篇泰戈尔的抒情小诗，或屠格涅夫、普希金的小说，登八达岭看万里长城，那更是令人感到韵味无穷、逸兴飞扬的。"采菊东篱下，悠然见南山"让人感到的是名利俱弃、宠辱皆忘、俗务尽脱、尘外飘然的自由。"大漠孤烟直，长河落日圆""星垂平野阔，月涌大江流"又是何等的壮美！当然，艺术美欣赏的娱乐性是伴随着艺术作品的认识作用、思想教育作用、审美作用的。真、善、美三者统一于美。因此，在美的欣赏中自然而然地受到真的教诲、善的熏陶。只不过，这种教诲、熏陶是这样的巧妙，恰如杜甫诗句所描写的："随风潜入夜，润物细无声。"

2. 艺术美欣赏作为一种审美活动，具有强烈的情感性

我们都有这样的体验，欣赏文艺作品时，往往全身心地沉浸到作品所描绘的境界中，情绪十分激动。我们听《黄河大合唱》，耳边鸣响着的是一个个乐句连接起来的、由节奏和旋律组成的乐音的流淌。逐渐地，我们所听到的似乎

不是直接鼓动着我们耳膜的节奏、旋律，而是由呜咽、悲泣而咆哮、怒吼的黄河的节奏、旋律，我们自己的思想感情的河流似乎也变成了黄河巨流的一部分，加入到这种奔腾之中。我们看到，我们的民族举起了拳头，拿起了枪，我们反抗了，我们斗争了。

我们欣赏阿炳的《二泉映月》，二胡一拉出那缓慢、低沉而悠扬的旋律，我们立刻便会被激发出一种凄婉哀怨的情绪，仿佛孤身一人坐于夜深人静、月冷泉清之地，回首往事，痛苦不堪。随着主题的展开，旋律慷慨激昂起来，那悲愤的控诉、不屈的抗争和孤傲的人格立刻在我们心里激起共鸣，愤怒、同情、钦佩、昂奋等多种情感在我们胸中交织着、洋溢着、沸腾着。直到曲终，我们的心绪仍然久久不能平静。

二、艺术美欣赏的作用

（一）艺术美欣赏是艺术作品实现社会审美教育的唯一途径

艺术家们精心创作出各种各样的艺术作品，其目的是为了通过艺术形象把自己的思想观念和情感传达给人们，从而使作品产生一定的社会审美效应。只有通过艺术欣赏，才能使艺术家和接受者的思想感情得以沟通，才能使艺术形象的审美价值得到实现，并对接受者产生精神上的感染和净化。

马克思说："产品只有在消费中才成为现实的产品，例如，一件衣服由于穿的行为才现实地成为衣服；一间房屋无人居住，事实上就不成其为现实的房屋。因此，产品不同于单纯的自然现象，它在消费中才证实自己是产品，才成为产品。"各种艺术作品，只有通过人们的欣赏，才能证实自己是艺术作品，才能现实地成为艺术作品，它的各种社会作用、社会价值才能够由潜在成为现实。

艺术形象里倾注着作者的感情，渗透着作者的爱憎态度，包含着作者的美学评价。当欣赏者在欣赏艺术作品中的艺术形象时，通过自己的再创造全面理解了艺术家的感情、态度和审美评价，在收获审美愉悦的同时，提高了认识，接受了教育，艺术作品也就产生了社会审美效应。

（二）艺术美欣赏制约和推动着艺术创作

艺术创作和艺术欣赏，如同生产和消费的关系，二者互为条件、相互制约。

一方面，艺术欣赏要以艺术创作为前提；另一方面，艺术创作也要在艺术欣赏中得到反馈，从人们的欣赏需求中汲取营养，得到启示、鼓舞，受到影响，获得动力。可以说，艺术欣赏活动的普及和深入，社会欣赏水平的提高，对繁荣艺术创作、发展艺术事业，能产生强大的推动力量。

（三）艺术美的欣赏能培养、提高人们的欣赏能力

没有艺术欣赏的实践，人们的欣赏能力只能停留在较低水平上。在现实中，由于人们的社会地位、生活经历、文化程度、艺术素养等方面的差异，人们的欣赏能力也有所不同，在艺术欣赏中的感受、体验、鉴别、评价等也会有明显的差异。欣赏能力的高低直接影响着人们对艺术作品的审美评价和审美享受，欣赏者的审美能力越高，他从艺术作品中感受到的美就越多，艺术所发挥的作用就越大。马克思曾说："对没有音乐感的耳朵来说，最美的音乐也毫无意义，不是对象。"

人们的欣赏能力的提高，不能离开艺术美的熏陶。艺术是通过表现感情来唤起感情的。而艺术美唤起欣赏者美好感情的过程，就是欣赏者的感情受到陶冶的过程，也就是他的审美能力得到提高的过程。而艺术的目的就是追求美。艺术家既要在内容上追求美，又要在形式上追求与内容适合的完美性。人们通过艺术欣赏中的美的感受，不但提高了艺术趣味，而且也提高了对艺术的理解力，提高了对艺术美的欣赏水平。由于艺术美来源于现实生活，所以，在提高对艺术美认识的同时，必然也提高了对现实美的认识，并且能够促使人们去追求更高的美。

不同种类的艺术品创造了不同的艺术感受、不同的审美能力和趣味。随着艺术的不断发展，人们的这种审美能力和趣味将会日益提高。也就是说，欣赏主体对艺术作品的欣赏过程，实际上是一个不断积累欣赏和理解艺术作品经验的过程，当这种经验成为一种稳定的艺术审美心理结构的时候，便产生了一定的审美趣味和审美能力。所以，休谟说，要提高审美能力，"最好的办法无过于有在一门特定的艺术领域里不断训练，不断观察和鉴赏一种特定类型的美"。

三、艺术美欣赏的过程

艺术欣赏是一个作品与欣赏者之间的双向互动的过程，是一种特有的精神

活动。艺术作品是由欣赏者之外的艺术家创造的。艺术家创造了一个什么形象，他通过艺术形象要表达什么样的美学愿望与目的，作品的历史背景、社会意义是什么等，这些对欣赏者来说都是先在的，是个待解的谜。欣赏者要想解开这些谜团，就要有一个感知、接纳的过程，需要通过感受、体验，有选择、有判断、有主观地进入艺术世界，通过想象、联想的补充，扩展艺术形象，并从理性的高度领悟艺术内涵，从而成为艺术欣赏的实践主体。具体说来，艺术欣赏过程分为四个阶段：准备、感受、理解、评价。

（一）审美准备阶段

一个人要进行艺术美的欣赏活动，首先要自觉或不自觉地摆脱日常意识的状态，而转入特定的审美心境。这种心境，既可以说是对艺术美欣赏活动的期待，也可以说是一种心理准备。人们无论是进电影院或剧场去看电影、看戏，还是到音乐厅、美术馆去听音乐、看画展，或是到什么地方去咏诗、看小说，在具体接触艺术对象和实际进入艺术情景之前，心理上就会自觉或不自觉地中断日常生活中那种强烈的功利意识，排除与审美无关的其他杂念，静心以待，集中注意力，准备以全身心去接受即将进入欣赏活动的欣赏对象，以获得审美的满足。因而，艺术美欣赏的准备阶段，也就是自然地暂时超越现实环境和现实自我而将功利态度转变为审美态度，将与现实的功利关系转变为审美关系的阶段。

在审美准备阶段，欣赏者会根据自己已有的艺术知识，对即将接受的艺术作品的背景材料的了解程度，对其各个方面，如内容、形式、风格进行推测。一般而言，欣赏者的审美经验越丰富，艺术知识水平越高，他对即将欣赏到的艺术作品的期待程度就会越高。

（二）艺术欣赏过程中的具体感受

艺术欣赏，首先是从对艺术形象的具体感受开始的。艺术作品的美总是以具体感性的形象出现的。通过具体感受会使艺术形象活生生地显现在欣赏者的面前。比如说，当我们在聆听一首动听的乐曲、观看一幅美丽的图画时，就会被动听的乐曲、美丽的图画所吸引，使日常的心理意识中断，而专注于听曲、观画，并且可以立即愉悦起来。审美感受不是单纯的生理现象，它是在过去长期经验积累的基础上形成的，是融感性和理性于一体的心理活动。因此，在这方面审美修养比较高的人，要比缺乏审美修养的人感觉敏锐和强烈。

艺术欣赏中的具体感受会把欣赏者带到具体的艺术境界里，使欣赏者触景生情，产生内心的体验，设身处地地急艺术形象所急、感艺术形象所感。例如，我们欣赏徐悲鸿的国画《奔马》，首先是那飒爽英姿的骏马的外在形态作用于我们的感官：那竖立起来的马鬃，那飞扬的尾巴，那如杜甫诗句所描写的"竹批双耳峻，风入四蹄轻"的双耳和四蹄，那腾跃而起、"所向天空阔"的神情，都给我们以具体的强烈的感受。几乎与这种具体感受同时（或稍后一点）而产生的，是我们的情绪和情感的活动。从对徐悲鸿的奔马形态的感受中，欣赏者的情绪被拨动、激发，产生了兴奋、昂扬、积极的心理活动，产生了一种对这匹马的欣赏之情。

（三）审美理解阶段

审美活动中的理解是对眼前的美的形象，经过感觉、知觉辅以联想、想象，去补充和丰富艺术作品中的内容和形象，达到深刻理解艺术作品内容的目的。所以，从本质上说，审美理解是欣赏者对艺术作品从形式到内容的把握。

我们在欣赏某一美的对象时，通过审美对象的艺术形式获得的感性认识，可能会立即感受到它的美，产生感官的快适的感受。但要更深刻地认识美、感受美，从而产生感情的愉悦和感动，就需要有深入的理性认识活动，需要发挥理性的作用。因为，在艺术欣赏中，作为审美对象的艺术形象往往是复杂的，不是凭感性印象一下子就能认识，而往往是要通过反复思考、仔细琢磨才能全面地、深入地认识它，并且也只有经过理性思考之后才能引发深刻的强烈的美感。

在欣赏绘画、音乐、小说、戏剧、电影等艺术作品时，也需要由此及彼、由表及里的理性思考，才能对艺术作品有较为深入的解读。

观赏过罗中立的油画《父亲》的人，无不为之深深感动。"父亲"脸上刀刻般的皱纹，乌黑的汗毛孔，豆大的汗珠，龟裂粗糙如树枝般的双手捧着一只粗瓷碗。高大的形象造型给人一种心理上的沉重感，卓越的光色运用，使人感到被皱纹包围着的眼皮要眨动，微启的嘴唇就要绽出憨厚而怯生生的笑，整个身躯颤动着，一种深切的同情感从我们心中油然而生。理解到他一生的艰辛与沧桑，感觉到他一生的奉献，我们由衷地景仰他、崇敬他。联想到祖国的昨天、今天和明天，使人产生一种急切崇高的社会责任感。

（四）审美评价阶段

艺术欣赏是一种形象的再创造，是伴随着情感活动的形象思维，是感性和理性活动奇妙、和谐的统一。所以，要深刻领略艺术之美，就必须在具体感受的基础上进一步理解，从理性高度把握艺术美的内涵，透过渗透着情感的艺术形象，品思蕴含其中的深刻内容和社会意义，并在此基础上对艺术作品做出理性的评价。

审美评价包含两个方面的内容，一是对艺术作品所描写的生活进行再评价。欣赏者在欣赏活动中，总是要结合自己的思想感情对艺术家在作品中所评价的事物进行一次再评价。二是对艺术作品优劣的评价。欣赏者在欣赏一部艺术作品之后，总是会根据一定的立场、观点、方法和价值取向，根据自己的审美趣味、审美理想对艺术作品的优劣进行分析、评价和判断，这种评价既可以针对艺术作品的内容，也可以针对艺术作品的形式。

四、如何提高艺术美欣赏能力

艺术作品的美是作品形式美和内容美的高度统一，它所反映的社会生活内容以及所表露的艺术家的思想情感，都必须通过具体可感的艺术形象才能传达给欣赏者。因此，欣赏者只有先把握艺术作品的形式及美，才能更进一步地领会艺术作品的内容及美。艺术作品的形式美，一般都是靠线、面、体、色彩等因素去塑造艺术形象的，但是，这些因素又不是孤立的，它们必须按照美的规律结合在一起，才能塑造出美的艺术形象，让人感受到艺术形象的美。而艺术作品的内容美，一是指艺术作品所创造的艺术形象具有的美的社会内容，二是指艺术作品所反映或透露出的艺术家的正确认识和美好情感等。所以，我们要想深入地领会、欣赏艺术作品的形式美与内容美，就必须从艺术家在其作品中所创造的艺术形象入手，看它美在何处。然后，再分析艺术形象中包含的社会内容，看它是否给人以健康向上的情感，又寄托着艺术家的何种情感。这样，就需要我们不断地提高思想水平和艺术修养，因为这些决定着艺术欣赏水平的高低。另外，我们还应该读一些中外艺术简史，尽可能多地参观一些艺术作品展，多看一些欣赏、鉴赏、评析艺术作品的文章，只有这样，才能真正提高自己对艺术作品的欣赏能力。

（一）要树立高尚的审美理想与审美趣味

理想性是艺术美的重要特征。在艺术欣赏中，欣赏者树立什么样的审美理想与审美目标，就成了艺术美欣赏的关键。所谓理想，就是主体在认识客观对象规律性的基础上，对客观事物的发展及未来的一种假设与愿望。而审美理想则是主体对具体可感的、至善至美的一种美的境界的追求、规范和愿望，它是以现实生活为基础的，却又是对现实的一种想象性、意愿性的改造。它是审美的明灯，点亮了艺术美的欣赏。欣赏者要判别美丑与是非，就要树立高尚的审美理想，培养健康的审美趣味。

（二）要努力培养感受艺术美的观察能力

法国艺术家罗丹说："美是到处都有的，对于我们的眼睛不是缺少美，而是缺少发现。"艺术的审美教育作用是多功能的，而这种功能的发挥与欣赏者的"眼睛"有密切的关系。不懂得欣赏艺术，对艺术作品不能做出正确的判断和评价，就很难发现和感受到艺术的美，其审美教育的功能也就很难实现。如果不再用审美的眼光观察，不再沉浸于审美愉悦之中，而只是用冷静的、理智的态度和科学研究的方法去做理性的思考、探索，那也就脱离了艺术鉴赏。只有真正把艺术作品看作鉴赏的对象，不是实用的对象；是想象的产物，不是现实生活的自然形态，才能够超脱世俗的羁绊，遨游到艺术世界里探幽寻胜。

（三）要加强知识积累，提高艺术文化修养

艺术是人们对现实审美把握的最高形式，它对人的影响是一种特殊的复杂的作用过程，是多种心理要素综合作用的过程。艺术欣赏者要注意进行知识积累，努力提高自身的艺术修养和审美能力，使"艺术对象创造出懂得艺术和能够欣赏美的大众"。马克思说："如果你想得到艺术的享受，你本身就必须是一个有艺术修养的人。"而艺术鉴赏能力主要指艺术形象的感受力、艺术想象力、理解力和判断力等。艺术鉴赏水平主要是由艺术修养和艺术鉴赏能力决定的。大凡能吹、拉、弹、唱的人，音乐鉴赏水平大都比其他人高些；喜欢画几笔的人，品味起美术作品常常会得到更多的乐趣。

（四）要努力培养艺术欣赏的再创造能力

不仅艺术创作是创造，艺术欣赏也具有再创造的特点，它以再造性想象为主。鉴赏者是根据艺术作品表现艺术形象所用的材料（图象、音响、人体动作等），

在头脑里构成新的审美意象。没有想象，就没有艺术鉴赏。有一位艺术家说得好：
"一件艺术作品是自由大胆的精神创造出来的，我们也就应尽可能地用自由大
胆的精神去关照和欣赏。"我们要充分释放自己的思维，张开想象的翅膀去诠
释一件件静止的作品。就像罗丹看到巴黎凯旋门上吕德雕塑的《马赛曲》群像时，
仿佛听到自由之神在发出震耳欲聋的呼唤：武装起来，公民们！至于欣赏西方
现代艺术，就更要发挥这种想象力。如抽象表现派绘画创始人康定斯基经常自
觉地追求在抽象绘画中表达音乐的音响和旋律，他的很多作品，如《雄伟的赋
格曲》等，都取用音乐名称。他还要求鉴赏者从他画的三角形闻到精神的玫瑰
花般的芬芳若……但缺乏艺术想象，就会在这样的作品面前茫然无知。

　　鉴赏者对艺术作品不是被动的接受，或做出纯客观的、消极的反应，而是
能动的、积极地进行再创造。只有强调了鉴赏过程中的主体性原则，才能对艺
术鉴赏作为满足人们审美需要的精神消费的性质有一个较为完整、较为深刻的
认识。艺术鉴赏是悦目愉耳、娱心怡神的精神消费，在艺术消费中，艺术作品
是"作为心灵的认识方面的对象"而自由、独立地存在的。正因为如此，马克
思才说："如果音乐很好，听者也懂音乐，那么消费音乐就比消费香槟酒高尚，
虽然香槟酒的生产是'生产劳动'，而音乐的生产是非生产劳动。"新时代的
一代青年学生，应当是"艺术家"，树立高尚的审美理想，提高审美能力和创
造美的能力，成为文明的人、全面发展的人、"审美的人"。具有进步的审美
观和健康的审美情趣的人，才能真正成为生活的主人，创造出美的生活和美的
人生。

第三节　艺术美的创造

一、艺术美的创造本质

　　美的创造是人类所独有的，是人类在改造自然和改造社会的实践活动中产
生和形成的一种特殊需要和能力。人类的美的创造活动的本质，就是主体在实
践中，自由地运用客观规律而建立合乎规律的活动，是合目的性与合规律性达

到和谐统一的活动，也就是主体按照美的规律而进行创造的活动。这种创造活动首先出现于实践活动之中，继而存在于主体实践的产品之中，从而又表现在自然、艺术以及人本身。人类正是具有美的创造的能力才同动物区别开来，社会也正是由于人类进行不断的美的创造，才能从野蛮到文明、从低级形态到高级形态。

从总体上来说，随着社会的发展、文明的进步、人的自由创造能力的提高，人类的美的创造活动也总是不断丰富和发展的。人类的历史，也就是人类实践取得自由的历史，就这个意义来说，也是人类美的创造的历史，是走向审美王国的历史。

培根说："艺术是人和自然的相乘。"培根所说的"自然"，就是参与艺术创造过程的客观因素，既包括"人化的自然"，也包括人的社会生活。这是艺术创造不可或缺的前提条件。罗丹说："我已经发现了希腊雕塑家们的秘密。这个秘密就在于他们对生活的热爱。我也正是从生活中汲取到一切，才创造了那些最美的作品。"虽然艺术生产要受到物质生产和其他精神生产的不可避免的制约与影响，但它是最为自由的，是最能体现人的本质力量的一种最富于创造性的生产实践。艺术生产就是艺术创造。

在艺术创造过程中，艺术家面对着审美对象和想象世界，既需要有准确的理性的认识与判断，又需要有本能的情感愿望的体验与投入，这两个方面的心理要素在创作主体身上是有机交融、不可分割的整体。艺术家主体因素、客体因素以及形式要素的同时参与、相互作用，共同构成了艺术创造。

（一）艺术创造需要艺术家主体性的渗透

艺术既是意识形态也是生产形态，艺术创造过程也就是主体意识建造对象的生产过程。它要求艺术家把强烈的主体意识，主观因素——思想、情感、意向、心境、愿望等渗透到整个创作过程之中，按照一定的审美标准和审美尺度来产生行为物化。俄国抽象派画家康定斯基在创造抽象绘画之前曾学习过印象主义、后印象主义和野兽派等的画风，他的抽象画并非凭空而来，而是在传统的基础上经过主体意识的感悟、理解，形成了具有独特审美价值的个人风格。艺术家在艺术创造中需要冲动与激情，如果不具备灵敏的审美嗅觉，对"美"处处漠然，就不会产生冲动与激情，艺术创造也就无法开始。客观对象为艺术掌握自然、社会、人生提供了基本的原型，而主体将感情世界"物化"于产品之中，既是艺术掌握世界方式的情感特征，也是艺术掌握世界的规律特质。

（二）艺术创造离不开客体的对象要素的艺术家的创造个性

艺术是现实生活的体现，它必须再现"对象的性质"，艺术是审美心理的物态化产品，它必然又表现艺术家的审美个性。

客观现实事物或现实生活，是艺术家进行美的创造的客观基础。离开了这个客观基础，艺术家的美的创造便是无源之水、无本之木，便无法进行美的创造。然而，仅有客观对象而无主体的创造活动，仍然不能形成艺术作品。只有当客观生活进入艺术家的视野，为艺术家所深切感受、体验和理解，并且从中有独特的发现时，才能成为创作的来源。否则，客观生活对艺术家来说，只不过是身外之物，对他来说毫无意义。艺术家一进入艺术美的创造，就按照自己的世界观、审美理想、审美趣味、审美心理去处理那些经过感受和理解的材料，并加以改造、加工、制作。其中，世界观是艺术家的灵魂，它决定着艺术家作品的思想倾向，指导着他对生活的观察、认识、评价和表现，影响着他对体裁的选择、情节结构的安排、人物的处理以及典型的塑造。把思想渗透到对事物的感性的具体认识和情感态度之中，并把这种认识和情感态度和谐地统一在一起，化为形象的血肉和灵魂，化为形象内在的必然性，只有这样，塑造出来的艺术形象才能感人肺腑，发射出美的光辉。

（三）形式要素必不可少

艺术的生产，要求高度的艺术匠心、高度的设计意识，必须把着眼点集中到如何创造出与审美意蕴相一致的艺术形式，如何使形式美体现意蕴美，最终使主体世界动态的、情感意向的、审美的等精神属性，通过客观世界那种静态的、凝固的、天然美的物质属性，升华为有审美意味的形式，达到自然而自由的境界。就美术领域的形式而言，任何艺术形象形式的构成最终都概括为"形"和"色"两种艺术元素，它又必须根据均衡、对称、和谐、对比、多样统一、节奏等艺术的形式结构法则来组织建构"有意味"的艺术形象，而实现产品物化。它不能脱离具体可感的艺术产品而独立存在，要由一定的物质材料作为承担主体意识的载体。"美的规律"和"形式美法则"始终是艺术创造的必备要素。人们在长期的社会劳动实践和审美体验中，不断改变世界，认识和创造美的形式，它包括构成形式的基本材料的线、形、色、光、声、质等外形因素的"外形式"和运用这些因素表现内容结构等的"内形式"，都是生产者主体在艺术创造活动过程中逐步掌握和发展。

二、艺术美的创作过程

艺术美的创造的具体过程和具体形式可以是千差万别、多种多样的，不同类型的艺术审美创造也各有特点，但是，又有其共同的规律。一般说来，艺术的审美创造过程大致分为审美感受、审美构思和艺术传达三个阶段，这三个阶段实际上是相互交错进行的，但为了分析的方便，可以划分为几个阶段分别进行叙述。

（一）审美感受

审美感受是艺术创造过程的准备阶段，它是艺术创造活动的基础和开端。客观世界中美的事物为艺术家提供了审美创造的原始素材，客观世界中丰富的美强烈地冲击着艺术家的视觉、听觉，引起他的审美感知、审美体验、审美情感和审美想象等心理活动。于是，客观物象和主体的审美心理相融和而产生了感性映象。这种在审美感受基础上所获得的审美映象勃发着艺术家的创造冲动，促使他产生创造的欲望，推动他进入创造状态。罗丹说："所谓大师，就是这样的人：他们用自己的眼睛去看别人见过的东西，在别人司空见惯的东西上能够发现出美来。"

艺术创造中的审美感受既以日常生活中的审美感受为基础，同时，它又不同于日常生活中的审美感受，它是日常生活中的审美感受的深化、发展和提高。艺术创造的审美感受比日常生活中的审美感受更高级、更深刻、更自觉，它作为艺术欣赏的起点，激发着艺术家的创造热情和创造欲望，推动着艺术进入艺术构思和艺术传达阶段，成为艺术创造的基本环节。

（二）艺术构思

艺术构思就是艺术家在审美感受的基础上，把自己所获得的感性素材，在头脑中进行加工整理、提炼凝聚，组织成一个审美意象的体系，显示为一幅生动形象的图画。艺术构思是审美感受和审美冲动的延续和发展，是艺术创造过程的核心阶段。艺术构思在本质上是艺术大家对审美感受中得来的素材，经过形象思维的加工制作，既不离开感性形象的个别性，又深入感性形象的内在本质，两个方面反复推移，从而抓住那些最能显示事物内在本质的东西，以及它的外在的具体特征，最后创造出一个能够充分彰显事物的个性和本质的形象，即典型形象。因此，艺术构思的过程，就是塑造典型形象的过程。

任何一个优秀的艺术作品，其成功之处都在于它成功地塑造了艺术典型形象。莎士比亚《哈姆雷特》中的哈姆雷特，曹雪芹《红楼梦》中的林黛玉、王熙凤，以及果戈理《死魂灵》中的乞乞科夫等，这些艺术典型形象真实生动，活灵活现，具有很高的社会意义和审美价值。如果一个艺术家不能创造出一般和个别有机地结合的典型形象，他或者是停留在对现实生活的各种现象的肤浅的感受，不能深入地探求和揭示它们一般的普遍的本质，或者是把对事物本质的揭示不能与事物的丰富的个性特征联系在一起，不能把一般体现在个性特征之中，那么，他所创造出来的形象决不会是美的形象。

在艺术构思过程中，常常伴随着想象并通过想象而出现一种心理现象——灵感，艺术家在构思过程中，苦苦思索，不得要领，突然由于某种事物的启示而茅塞顿开、文思泉涌，这就是灵感的来源。灵感是构思过程中认识的飞跃，是形象孕育由不成熟到成熟的质变的表现。灵感现象有突然性和爆发性的特征，它的来临往往是不期而至，一触即发。在灵感来临时，艺术家在精神上处于高度的集中和兴奋状态，灵感在艺术创造活动中，有着不可忽视的作用。它是推动艺术家进行创造的一种心理动力，它加强着艺术家的创造冲动，唤起艺术家丰富的想象力，促成独创形象的产生和完美，使艺术构思达到成熟。

（三）艺术传达

艺术构思所形成的艺术意象还只是艺术家头脑中观念的东西，要把这种观念中的形象转化成能为人们所感知的感性形象，还必须通过艺术传达的活动。艺术传达的根本任务，是要把存在于艺术家头脑中的艺术意象，通过一定的物质材料和熟练的艺术技巧及艺术经验把它物态化为艺术作品，使观念的东西转化为物质的东西，使艺术家经过审美感受、审美构思诸阶段所获得的审美心理成果，实现和肯定在感性形式之中。因此，艺术传达是审美感受和艺术构思的物质体现，是艺术创造的最后完成。

从根本上说，艺术传达带有实践活动的性质，它既不同于一般的认识活动，也不同于物质生产活动，而是一种实践性的创造活动。艺术传达之所以不同于一般的认识活动，是因为艺术传达不局限于头脑里的活动，它不满足于观念中塑造的艺术形象，而是要把观念中的艺术形象用物质材料把它体现出来，要把心灵中的设计通过一定的艰苦劳动使它在物质世界中得到实现，这就是一个从意识转化为物质的过程，是一个实践活动的过程。

由于各门艺术在艺术传达上所使用的物质媒介不同（如绘画用的是水墨、颜料和纸张，音乐用的是音响、节奏和旋律等），因而在艺术表达的技巧上也自然会有不同。这就需要艺术家根据各自不同的艺术特点，运用和掌握它们的特殊的制作方法，如雕塑家需要掌握操刀绝技、文学家需要掌握遣词造句的功夫、书法家需要掌握用笔的功力。总之，都要熟练地掌握一定的艺术技巧才能使艺术创造实现理想的境界。

三、艺术美的创作方法和技巧

（一）艺术美的创作方法

世界观是人们对世界的看法和主张。艺术家的世界观包括哲学观、政治观、人生观、道德观、伦理观和审美观等，具体说来就是艺术家对真善美和假恶丑的态度。艺术家的世界观决定艺术家用什么样的态度去认识社会、感受生活，以什么样的尺度去衡量真善美、假恶丑，以什么样的态度去选择、去构思、去创作。总之，世界观决定艺术家创作的全过程。

在艺术美的创造中，艺术家的世界观与创作方法一般是一致的。具有符合潮流的先进的世界观的艺术家，总是站在时代的最高点上去观察生活、感受生活、反映生活。在他们的作品中，通过形象流露出来的美丑、善恶、真假、是非的判断与历史发展趋势是一致的。比如高尔基的《母亲》、鲁迅的《阿Q正传》。但有的作家的世界观与创作方法有时存在着明显的矛盾。比如巴尔扎克，他既同情当时的法国贵族，竭力为其唱挽歌，但在他的作品中，他又遵循现实主义的创作方法，对他同情的贵族们极尽讽刺的能事，把他们描写为不配有更好命运的人。

浪漫主义与现实主义是贯穿艺术发展的两种主要的创作方法。现实主义就是艺术家按照生活的具体状貌和本来样式，在作品中真实地描绘现实，创造出具有典型意义的艺术形象，揭示出社会的某些本质方面及其发展的必然规律的一种艺术创作方法。现实主义创作方法的主要特点有追求细节的真实性、形象的典型性、描写的客观性。

浪漫主义的基本特征是理想主义，就是按照艺术家理想中认为应该如此的样子来描绘生活，即理想地描写对象或描写理想化的对象。它在反映现实上善于表现对理想世界的热烈追求，更多的是用想象和象征的手法塑造形象，注重色彩和情感的表现。浪漫主义创作方法的突出特点：首先，它侧重描绘理想的生活图景和理想化的艺术形象。其次，它突出主体情感的大胆抒发，追求主观态度的强烈外现。最后，它运用各种艺术手段展示丰富的想象和奇特的意境。作品常用夸张、比喻、象征、变形等艺术手法，往往把人物神化，把动物人化，把时间、空间和生死的界限打破，创造出理想的形象。需要指出的是，浪漫主义艺术虽然主张按理想的样子来描写生活，但并不主张脱离生活。别林斯基说："浪漫主义艺术家全靠他对事物的看法，对生活在其中的世界、时代和民族的态度来决定它那固有的理想，来创造生活。"

在现实主义与浪漫主义两种基本创作方法形成的两大潮流之外，还有自然主义、形式主义等。自然主义的创作方法只注重客观地描写生活，不做提炼概括的创造，反对典型化。它所刻画的艺术形象一般只限于表现生活的表面现象，而不能解释生活的内在本质？而形式主义恰好相反，它只注重艺术形式的华丽与新奇，忽视生活内容的表现，甚至根本否认艺术反映生活这一客观规律。

（二）艺术美的创作技巧

朱印海先生在其《艺术概论》中对艺术创造技巧做了界定："艺术是指能将艺术构思的内容恰当地、充分自如地表现出来，并使之容易为他人所接受的能力和方法，它是创造艺术作品时各种方式、手段的总和。艺术家依靠技巧把对于现实的审美体验转化为具体的艺术形象。艺术作品中所蕴含的心态情感、思想倾向，以及那具有生命意味的艺术形式，都是靠技巧的力量而熔铸在美的艺术形象之中。因此，艺术技巧既是恰当传达艺术内容的手段，又是创造完美艺术形象的能力。"可以看出，艺术创造不是一般的技能，而是在基本技能的基础上，通过反复实践的锻炼而固定下来的，已经自动化、完善化了的技能，也就是迅速、准确、运用自如的技能。

清楚了什么是艺术美的创作技巧，还要注意它运用的基本原则。首先，艺术创作技巧的发挥，必须有艺术家情感的灌注。艺术技巧如果缺乏情感的浸润，脱离了审美情感的逻辑，就会流于一般性的技术，而靠技术生产的东西是机械的。情感是审美心理中最活跃的因素。它广泛地渗入其他心理因素之中，使整个审美过程浸染着情感色彩；它又是触发其他心理因素的诱因，能推动它们发展，起着推动力作用。

其次，艺术技巧的运用要体现艺术家的个性。艺术家尤其独特的生活经验、思想感情、个人气质、审美理想及创作才能等因素的影响，会构成审美认识和艺术创作中主观方面某些相对稳定的明显特征，这也就是独特的艺术风格的形成。杰出的艺术家，都十分注重以自己独特的风格和个性，去描绘生活，反映自己的理想，抒发自己的感情。达·芬奇的智慧，米开朗琪罗的有力，拉菲尔的优美，肖邦的高雅，柴可夫斯基的深沉，贝多芬的奔放，李白、郭沫若的激情，杜甫、鲁迅的冷峻……正是由于艺术家的创作个性的存在，才不断地给这琳琅满目的艺术百花园增添无穷的意趣。

最后，艺术技巧的运用要达到自由境界。艺术创作的自由，实质上是遵循艺术规律，使技巧的运用高度熟练，达到随心所欲的程度，使得自己所创作的作品，如自然天成，给人以出神入化、巧夺天工的境界。所谓"最高的技巧就是无技巧"，就是说的完全的自由。比如书法，在初习阶段，大家都要先过技巧关，从无技巧始，到临摹揣度，刻意研求，至无技巧终。晋代书法名家王羲之，就是凭着"临池学书，池水为墨"的功夫，写字才"入木三分"，下笔有神，赢得了"书圣"的尊称。因此，大家相较，就绝非"笔墨技巧"了。欣赏古人留存下来的墨宝，大都是笔札便条之类，并无意于法，却朴拙浑然、散淡流畅、神韵高逸。

第七章 学校校园文化环境建设中的美育

　　校园环境是校园文化的重要组成部分，由物质环境和精神环境一起构成，前者主要指建筑、设施、校园的花草树木等自然景观。后者指人际环境、校风、学风和教风以及各类文化艺术活动氛围等人文因素。环境是一种教育力量，环境给人的影响是自发的。创设有利于学生身心健康发展的教育环境，把人类创造的精神财富传给下一代，是学校办学的宗旨。建设校容校貌，建设一个整洁、优美、充满生机活力的教学环境既是物力投资，也是感情投资。

　　加强校园文化建设，是时代发展的必然。那么审美教育在校园文化建设中有着举足轻重的作用。加强审美教育，把美贯穿到校园文化中去，创造一种"向真、向善、向美、向上"的校园文化特质，引导学生树立积极的审美观念，帮助学生培养健康的审美情趣，提高感受美、鉴赏美、表现美、创造美的能力，对学生实施全面的美育教育，促进学生全面发展。

　　美育有狭义与广义两种说法。所谓狭义，专指"艺术教育"；所谓广义，是将美学原则渗透于各科教学后形成的教育。由此可见，美育是审美与教育结合的产物，它的本质特征就是情感性。由于不同时代有不同的审美标准，因而美育也具有一定的功利性，而美感是内在的、超功利的，故美育的最终价值还是指向"至高的善"。从这个意义上来说，美育既通向人类历史文化的最大纵深，又关系着人类社会的未来，它是不同时代、不同文化背景的人们之间进行对话的桥梁。从亚里士多德的《诗学》到中国儒家的《乐》《礼》，古代的先哲们早就注意到了美育在教育中的作用。"诗""乐"的陶冶情性、塑造人格的特殊作用，是孔子教育思想的又一独出的建树。然而，由于科学对教育的异化和当代"左"的教育思潮的影响，这一教育观念并没有健康地传递下去。目前，素质教育与美育脱节的根本症结在于：我们的一些老师还没有真正地理解美育的内涵，只限于对美育狭义的理解，把美育等同于艺术教育；再者，没有充分地认识到素质教育与美育以及各种能力培养的联系，我们要深入地进行全面的素质教育，强化校园文化建设，就必须把美育贯穿其中，重视审美教育的独特功能。

因此，对校园的环境建设从美学的角度入手要进行整体布局，就要创设艺术化的校园环境。在实施美育过程中，要努力建设艺术化的校园文化，积极创设审美的学习气氛和育人氛围，力争将学校的自然环境美和文化环境美达到完美统一，把学校建设成为艺术化的环境优雅的花园。那么我们就要遵循校园环境艺术化的原则与特征。

校园环境艺术这一形态体系，是一个正在不断更新的"家族"，基于这一特质，首先让我们来注意调控优化校园艺术化环境应把握或遵循的原则。

1. 教育性原则：校园环境是培养人的场所，环境中的各种因素都可能对学生的精神世界产生潜移默化的影响，因此，对校园环境任何一处的装饰点缀都必须慎重考虑其教育意义。这一教育性原则主要就是要求教学环境的装饰设计和布置都应把启迪学生的思想、激励学生个性的发展放在首位，在实施和操作中充分体现各种环境因素的多元教育意义。

2. 科学性原则：就是要求校园环境的建设和美化要符合学生身心发展的特点和教学规律，要遵循生理学、心理学、教育学、建筑学、卫生学、社会学、美学等基本原理。要树立科学的发展观，通过合理的调控优化，使校园环境真正成为科学与艺术的统一体。

3. 实用性原则：校园环境的设计建设和优化应当根据学校的实际情况和经济条件，本着经济、实用、有效的宗旨进行。应当立足本地、本校实际和自身经济能力，搞形式主义应付检查的做法要不得。

基于以上要求，我们认为校园环境艺术有这样几个特征：第一，校园环境艺术是多门类、多学科构成的艺术整体，与其相关的学科多达10多种，它们不是简单的重复和附加，而是存在着深层交叉的协调关系。最为密切的学科是美学、设计学、建筑学、园艺学、广告学、心理学、教育学、社会学、人体工程学等，共同构成一个多层次的有机整体。第二，校园环境艺术是多渠道的受众艺术，在满足教育功能及设计美化的同时，要最大限度地满足师生的活动需要，通过各种环境要素的构成关系参与审美。第三，校园环境艺术应是动态的艺术，时空的转换促使校园环境艺术的设计也随之变化。一个整体成熟的校园环境设计，往往需要相当长的一段时间，要经得起历史和时间的考验，因此也可以说它是一个时空的艺术。

第一节 学校空间环境审美化

校园环境中所说的环境是以人为中心的，是指围绕人的空间以及直接、间接影响人类活动的学校环境、社会环境和自然环境的总和。环境是人类生存的空间，是人类获取资源的场所。学校教育的过程是教师与学生共同活动的过程，是一种多方面的体现，而不仅仅是简单的"知识灌输"或"知识移植"，它是学习主体（学生，包括环境）和教育主体（教师，包括环境）交互作用的过程。环境对这个过程来说是一种有效的资源，是学校教学活动所必要的主、客观条件共同营造的视觉与情感力量的综合，它是按照艺术促进人的身心发展这一特殊需要而组织起来的育人环境，因此说环境与艺术化进行结合就产生了审美的教育元素。一个校园环境艺术化工程的策划、组织、设计和制作，实质上是一种系统工程。这项工程的统筹与规划是决定这次活动的组织、艺术形式、空间布置、艺术趣味等诸方面质量的关键。它要求校园环境艺术化工作委员会成员，必须从美育的高度关注国际校园环境艺术和其他相关艺术的风格、流派的变化和动态；必须具备敏锐的艺术觉察力和鉴赏力，善于从美育的认识入手，捕捉新思潮和新动向，以保障在艺术构思中体现出时代感；同时还必须具备相当高的文化修养和对其他艺术的鉴赏力，如对文学、影视戏剧、音乐等均应有较强的鉴赏力，以便从各类艺术中汲取更多的创作灵感。

校园环境艺术化的设计宗旨清楚地表明，校园环境的设计，实质上是一门空间与场地的规划艺术，是在人与物之间创造一个彼此交往、相互影响的中介，是为学校美育教育活动提供一个符合美学原则的空间结构。它使师生犹如置身于一个巨大的艺术作品中，在其内部的流动变化中感受超时空的艺术魅力，使师生在三维空间中体验时空产生的第四维的美育效应，创造出理想的生活与学习空间。

校园环境艺术化的建设与美学理论所实现的目标是一致的，意在满足今日社会及学校文化和教育的需要，通过建设使学校师生对美应有的判断力得以复活，重新确定哪些是代表先进文化之审美理想的优质形式，同时更重要的是对有关学校艺术教育教学的各种思想进行有效的梳理。

一、建筑之美

美，静静地流淌在校园，给人以明丽勃发之感，使人得到赏心悦目的精神，也能给学生以美的能力、美的力量。创造优美的校园环境，是为了让学生在环境中感受现代文明人的生活追求，以及文明环境对个人素质的要求与约束，让学生从身边小事做起，培养自己的文明行为习惯。校园环境美化和建设是一项包括社会学、美学、心理学、建筑学、教育学在内的综合性学科，其最高层面的价值在于在满足环境基本使用功能前提下的文化素质教育价值。

学校建筑的形式美会在人的视觉上产生一种普遍的愉悦感，这种愉悦虽然是一种感官上的外在的愉悦，但它同样可以触及教师和学生最深处的情感，使他们以更良好的状态去从事教和学的活动。学校的建筑具有物质的和精神的双重功能，它首先应着眼于创造规划严谨、功能合理的建筑，但又不能仅仅满足实用的教育的要求，同时它还必须考虑到时代的特征和一定地区的文化背景，使校园建筑的形式对年青一代的精神成长能够产生积极的影响，包括激发他们的自豪感和创造精神，乃至渗透到他们的文化情感当中。那么我们就要遵循校园环境及校园建筑艺术化的设计原则。

由于不同主张、不同功能、不同地域、不同民族、不同欣赏层次，校园环境的设计可以是多元多变的，形式可以百花齐放、千变万化。但是，它必须按照美的规律来创造，必须按照美学原则去设计和推敲，决不能以创新为借口实质随心所欲，盲目追求不可知的怪、奇、丑、陋。也就是说，尽管不同环境的艺术设计流派主张各异，尽管随着时代的进步，审美观念在不断地发展，但是审美活动的规律是客观存在的，而且它是相对稳定不变的，形式流派的进步和发展对于它只能起到深化、丰富和完善的作用，永远也不会颠覆美的规律与原则。

1. 功能第一原则

所谓功能第一原则，就是指设计时要充分考虑设计对象应当具有的目的和效用。比如房屋是供人居住的，园林是供人休闲、观赏、休憩的，汽车是用来迅速运载人和货物的，标志是供人识别的。无法居住的房屋、难以进入的园林、不能开动的汽车、无法辨认的标志，无疑会被人们所否定。一般来说，功能第一原则强调的是功能，校园建筑艺术化设计要特别突出其教育教学功能，无论是校园建筑格局规划，还是壁画、班标、公示栏的设立，都应遵循这一原则。当一件设计作品能够符合和满足所预想的目的，实现其规定的功能的时候，我们说这件作品就遵循了功能第一的美学原则。

2. 经济性原则

在市场经济的环境中，大多数环境建设活动成为一个个市场经济系统工作的组成部分，有的人觉得现代生活质量的优化和精神需求的提高，使得豪华、奢侈型设计有了发展的趋势，它们是不需要计较经济因素的。而更多的人坚持现代设计的大众化方向，认为与大工业机器生产相联系的现代设计在本质上是为大多数人服务的，因而经济方面的考虑在现代设计过程中仍是必不可少的，当然这在不同时代有不同的标准，体现着不同的经济水平。

我们这里所说的经济性原则就是要学校考虑经济问题，考虑原材料费用、生产成本、产品价格、运输、贮藏、展示等费用的便宜、合理，在一般情况下，力求以最小的成本获得最适用、优质、美观的设计。就我国现有的经济现状来讲，经济性原则是现阶段环境艺术设计中一个稳定的原则。

3. 科技领先原则

科技领先原则应是现代设计本质上的时代特征。大家都知道现代设计是现代工业生产和科学技术发展这一前提下的产物，是不同于手工业技术工艺的科学技术水平的现代科技的呈现，例如飞机、电脑、机器人和现代摩天大楼等。现代设计的科技领先原则是指设计时要考虑现代材料的性能和加工方法所起的作用，因材施技，要考虑反映出科技成果和新加工工艺，以利于优质高效地实施工程。因此科技领先原则可以说是与大众化相一致的规格化和标准化原则。现代设计对高科技含量的新设计方法的掌握和运用，成为时代和随时代发展的现代设计的一个要求，也成为现代设计科技原则的一种体现方式。

4. 现代信息原则

美国学者约翰·奈斯比特在他那本畅销一时的《大趋势——改变我们生活的十个新方向》中写道："目前，我们社会正在发生十种重大的变化。其中最奥妙，也最具爆炸性的变化是第一种变化，即从工业社会向信息社会的转变。"信息科学正在向人们生活的各个领域渗透，现代设计也在其中。

那么，什么是现代信息原则呢？就是指现代设计规划者要重视现代设计的信息因素，了解现代信息发送、传输和接收的客观规律，在设计时要考虑设计展示应当具有的信息和如何正确地传送有效信息。现代设计往往与大量的参数变量打交道，设计作品一旦成型，对于不同的受众又往往有着内涵层次不同的不确定性，所以设计信息的产生所具有的内涵和价值，以及如何才能让师生接收有效信息，受到了越来越多的设计规划者的关注。

5. 艺术原则

艺术性是一个美学标准，真正的美具有积极向上的精神力量，这是现代设计策划者所应当追求的，在这一点上他们与艺术家没有什么区别。现代设计中的艺术性原则，是指设计时要考虑所规划的校园或作品的艺术性，使它的造型具有恰当的审美特征和较高的艺术品位，从而给师生以美感享受。艺术性原则要求设计师创造新的美感形式，在提高其艺术性上体现自己的创意，同时也要求设计策划者具有健康向上的艺术意识和审美意识。

在设计领域，设计作品的艺术性和审美性不应当是简单的装饰或者说某种外加的孤立的形式构成，而应当是该设计内在因素的外在表现，是与内容有机统一的形式构成，这种以形式显现出来的东西，其实是内容与形式的统一体。当然，就现代设计的整体而言，设计的功能要求和艺术审美要求已被放在同等重要的位置上。

人们常说"建筑是凝固的音乐"，因此，人们的习惯性思维中建筑设计是静态的。体量、尺度、比例、色彩、空间成为建筑师最常用的词语，表现图成为建筑设计师表达意向最常用的手段，但如果我们暂时把关注的静止的建筑转变为建筑中场所的情景及场所中活动的人们与他们的活动，关注人们和建筑的整体性，校园将更具有完整性和统一性。

二、景观之美

1. 人文景观的规划与设计

人文性设计的思想是以哲学、美学、人类学、心理学的整体性理念为基础的，是超越局部、个别的形式美要求之上的，是建立在相互联系观念上的综合标准。这种人文性显现在环境建设的外在结构造型及形色组合上。

西方早在古希腊时代就有美与人文相关的认识，他们都在不同方面看到了设计造型或艺术形象应当是一个人文性较强的整体，而不是粗俗的零散因素。我们今天所说的现代设计形式的人文性，是环境设计作品形式诸要素相互依存、彼此联系、便于沟通的紧密结合，这时的设计因素犹如有机生物体那样，高度统一、协调并存。无论是具有秩序美、调和美、均衡美、比例美、对比美还是节奏美的设计，都具有浓厚的人文性。设计意义的人文性基于其内容的人文性，内容的诸多构成因素应当有其统一性，进而决定形式的人文设计。只有当设计内容与形式的人文结合成功地实现时，作品的形式设计才真正称得上是具有人文性的和有意义的。

"高度重视人和人的价值观的一种思想态度"。20世纪以后，伴随着自然科学和社会科学的蓬勃发展，"人文"一词又专指与科学相对的文、史、哲等一系列非实证的学科和事业，它主要是培养人的内在的道德素质。由此可见，尽管东西方的学者对"人文"的解释有文化背景上的差异，但其基本精神内核是相通的，即人文是指区别于自然现象及其规律的人与社会的事物，其核心是贯穿在人们的思维与言行中的信仰、理想、价值取向、人格模式、审美趣味。

首先，在校园中的许多公共设施，我们可以让它发挥功效，除了其本身的功能外，公共设施的创意和视觉映像，直接影响着校园整体人文精神的表达。如在小学校园中设立公用电话时，一定要考虑到低年级学生个子比较矮，电话机悬挂应适合他们的身高等。只有这样，才能使公共艺术完善起来，成为真正意义上具有人文关怀的公共艺术。

其次，人们在建造建筑的同时，总要考虑建筑的外部空间环境，建筑组成了我们生存的世界。在我国传统的古城镇中，牌坊、拱门、广场、井亭、戏台、石栏等构成了一种婉丽隽永的外部空间，但在我国近几十年的建筑设计中只涉及建筑本身，而建筑的外部空间环境却很少有人问及。在高科技数字化的今天，越来越多的设计师开始重视这个问题。同时，人们也感受到，把外部空间环境设计与建筑设计一并考虑，将会带来一种单体建筑所不能体察到的视觉快感。外部空间环境所产生的艺术效果无法在单体建筑中寻觅。假如我们穿行于一组教学楼群，当转过一个街角时，一个意想不到的外部空间突现于眼前，我们可能会感到惊奇，甚至感叹设计师的妙手。事实上，正像存在着建筑这门艺术一样，外部空间环境也是一种融建筑、园艺、雕塑、城建等学科为一体的一门艺术，它的目的是运用所有元素创造一个完美的环境。

我们的视觉不仅用于观察，还会唤醒我们的记忆经验以及那些一旦勾起就难再平息的情感波澜，所以，外部空间环境无论从宏观上还是微观上都能引起人们情感上的反应。把自身和周围环境相联系是人类本能，它既是环境设计中必须考虑的一个要素，又是环境设计中可以充分利用的因素，因而我们只要理解外部空间是一种具有可塑性的体验过程，就不难创造出能与人产生对话的和谐的建筑环境，人们也乐于在这种空间中驻足倾听。

校园的建筑与外部空间环境的设计，既应有运动空间（进行游戏、比赛、向某个目标前进、列队行进或其他集体活动），又要有停滞空间（静坐、眺望景色、读书看报、等人、交谈、合唱、讨论、仪式、饮食、饮水、洗手……），这可能是两种空间浑然一体。运动空间希望平坦、宽阔，没有障碍物。而且运动空间的路线设计方向性要明确，距离要便捷。因为有时人的活动要在短时间内完成，如果道路设计成沿着三角形的两条边，那么行人很有可能自己踏出一条道路，这条道路就是三角形的另一条边。外部环境中的饮水、浇水和厕所等人人需要的设施，也需要安排在容易找到的位置上，并伴有明确的标志。这些设施非常重要，其位置还要考虑到不受其他条件的妨碍。

室外空间常常无形中形成两种情况，一种是流动的空间，而另一种是静止的为人占有的空间，这两种空间都应该是外部空间设计的重点。如何选择合适的方位以提供静止的空间，一般来说，树荫、全开敞的空间、空间的焦点、围合的空间等都是充满了人情味的场所。许多具有优越条件的场所常常被人们所利用，人们喜爱在这里接近水面或凭眺风景。半敞开空间也是人们停留的好场所，这里光线柔和，既离开了喧闹的交通道路，又和自由通道有一个若即若离的关系，而且这里给人以安全感和防御感。

停滞空间要有目的地为人们设置长椅、遮阳设施、绿荫、景观以及照明灯具等，方便人们的休息、散步等活动。用于合唱、讨论等活动的特殊空间，要在功能上为活动的方便创造条件。例如，地面上有高差的变化，方便人们的观看，或者是背后有墙壁，围合成一个类似于舞台的空间等。

建筑与外部环境应该形成一个充满活力的流动空间，所以在考虑布局的方向时，在尽端处要设置某种具有吸引力的物体或景物。假如一条道路在尽端处没有吸引的内容，即使道路的两侧不断出现一些景物和变化，人们还是感到空间乏味，缺少追求。相反的，在尽端处设置吸引人的内容或使人们感到尽头有目的物时，人们会产生途中的空间处处有趣的感觉。

从以上的表述我们可归纳如下：建筑与环境空间就物理层面可分为自然环境、人文环境；从心理学层面可分为物理性、地理性环境和心理性、行为性环境；从生物学的层面来看，环境又包括光、温度、气压、土壤、水等无生物环境和生物环境。另外，环境空间的建设应从以下四点加以把握：一是与自然共生存，要与风、光、土、绿化、水、虫、鸟等自然因素相联系；二是触动五官，要使在校学习工作的人们通过视觉、听觉、嗅觉、味觉、触觉对空间有美妙的体验；三是要便于活动，人们每天大部分的时间是在活动场所中度过，设计时要考虑便于行走的问题，同时学校是人聚集之处，安全是第一位的，要便于人员的疏散；四是要可持续发展，就是在设计时要着眼于未来，保持框架大局不变的同时能够进行局部的设计改变，将建筑物建设在平时多种用途中都能使用和可改造的空间中。

水对外部空间来说，是一种有意义的构成物。在方位的选择上，可将建筑物置于水面空间的周围，不论是在气候温暖的地方，还是在气候寒冷的地方，水面都能给外部空间带来情趣。夏天，校园静止的水面上，呈现出美丽的教学楼及附近其他建筑物的倒影，使空间显得格外深邃。夜晚，倒影中呈现出附近的照明，五光十色，使整个空间充满了浪漫。冬季，宽阔的水面成了学生们的溜冰场，学生们穿着鲜艳的冬装，使灰色的校园增添了活力。除了静止的水，流动的水也能给人带来欢乐的气氛，低浅地使用流水，能给人以亲切感，在视觉上保持空间联系的同时，还能划分两个区域空间的界线。在环境设计中，往往有一些景物只能供人们从某一个或某几个角度观看而不能让人全方位观看，此时使用水面来限定人们的观赏角度是行之有效的方法，人们眺望景观的领域被设计者用水面限定，而观赏者本人并不在意。所以用水面可以自由地促进或是阻止人在空间中的活动，方位的灵活安排也给设计者带来乐趣。

2. 置景绿地营造景观

设计生态自然环境可以分为非生物自然环境和生物自然环境两个类别。前者包括影响设计的土地、河川、山脉、气候、季节等因素，后者包括动、植物，两类环境是彼此联系结合在一起的。设计生态自然环境对设计的影响首先体现为限制和选择，即选择设计的产生和发展，筛选出那些与环境相结合的设计形式，使之得以存在。

在高科技与信息飞速发展的当今时代，根据有的学者的说法，地球的整个生物层正在变成智力圈，即成为人类智慧和技术活动范围。其实整个地球自然系统，包括生物层和非生物层的情况都是这样。自然环境中的诸因素，正在更大的范围和更深的智力层面上进行设计，从景观到绿地的空间设计来讲，可分为以下三种：一是仪典式纪念性景观，是包围及半包围的建筑配置中，以开放空间建筑景观轴线，强化重点建筑（如行政大楼、图书馆、礼堂等）效果，主要配置在主校门入口轴线至重点建筑间以及楼前户外的草坪轴线上。二是人文庭院景观，是配合建筑架构呈现人文秩序的院落绿色植物，呼应学术及教育活动的理性和严谨，强调回廊、步道、阶梯平台与绿色植物的配置呈现，绿地空间则以简单素雅为上。三是自然田园景观，是在学校建造人工湖及周边生态绿地，以有机的手法塑造田园景观风格，营造舒适宁静的气氛，并与人文庭院景观形成对比与呼应。从绿色景观的意义上讲，人们从生理上、心理上得到生态式美育的陶冶。例如，自然环境中的主色调绿色植物和绿色图形被作为许多设计的重要构成元素，这样的运用和设计常常寓有与绿色生态协调、回归自然的深层内涵。在户外时，树叶对人的影响是很重要的。柳树的叶子轻盈飘逸，芭蕉的叶子色泽光亮。树叶的形式多种多样，有大的，有小的，颜色有深的和浅的，色泽有半透明的和不透明的。树叶与墙体在一起时，树枝在墙体上的阴影往往似壁画般优美，树木与墙体相得益彰。因为树木与建筑是构成外部空间环境的两种完全不同的，但都是为人们所接受、所喜爱的物体。

树和建筑之间有一种特殊的关系，谁也不能完全清楚。动与静、生物与非生物、变化与稳定等都是树木与建筑的区别之处。但是，更大的区别在于，建筑是人设计的，根据技术的更新和艺术的发展，建筑不断地改变自身的形式。而树木除了种类的不同和外形的不同之外，始终保持同一形态。尽管如此，外部空间设计中，树木的应用效果却在不断发展完善着生态景观。

过去的建筑强调的是自我完善，对建筑本身不断地推敲，形成独立的体量与立面，与树木没有直接的联系，而现在，许多建筑师在设计建筑时，首先考虑绿色呈现的设计，对外部空间环境的设计来说，设计师已开始运用花草植物来满足丰富的景观需要。树木在外部空间环境中展示出多姿多彩的形态，而建筑环境又强化了树木的性格，两者结合为一个整体，是环境艺术的基本点。如何搭配建筑树木，是方案设计过程的重点。高大的建筑配置低矮的树木，树木能起到视觉上的隔断作用。低矮的建筑配置高大的树木，能呈现一种垂直线条与水平线条的对比。高大的建筑与高大树木配合，强调垂直向上和产生宏伟的体量感。而低矮的建筑与低矮的树木组合，有一种亲切的感觉，使人容易接近。植物还可以用来分割和围护空间，矮树与灌木是稳定的实体屏障，用它做围护具有一定的厚度，茂密的绿色围护体对隐蔽的内部中心有一种建筑物所达不到的庇护作用。

校园环境设计要善于把握植物这个因素，对于围栏植物的高度也要有所考虑，是高过人体高度还是低于人体高度，是单一的植物排列还是混合的植物排列，园林工人也应按照设计的装饰要求修剪植物，只有这样，才能充分发挥设计师的设计灵感。

三、厅廊文化

厅廊文化主要由两方面组成，即厅廊的设计理念与教育内涵的体现。

（一）厅廊的设计理念

校园的空间环境应创造出轻松、流畅和交融的建筑内外空间，打破校园中空间封闭、破碎而不连贯的格局。在校园空间的设计中，引入连接空间的概念，将校园空间中的广场、院落、水体空间和绿地串接成整体的校园空间，而将各个分散的校园场所连接起来，形成人流动的空间，包括线性廊、人行步道、开放空间。使校园充满流畅、生长和具有内聚力的人性场所，连接空间一般分为廊道、屋顶与平台、底层架空、庭院与广场等。

廊道：走廊、步行桥、楼梯等形成的空间属于线性空间，并具有连续性、方向感的动态空间特征。在使用功能上"廊道"空间主要作为交通空间将人引导到目的地，起联系、交通功能，它不仅是方向上的指引和传导，还是空间过渡的介质，能使人停留或导向两侧的功能空间，"廊道"空间也是校园中师生相遇、停驻的场所，引导人们驻足停留、学习交流，是师生进行学习交流的好地方。此外，"廊道"空间不但可以遮阳避雨，其特有的通透性和开放性还能获得外部空间围合界面的统一效果，给师生较好的视觉感受，廊的庇护功能又使人们的活动不受气候干扰。楼梯是纵向通道，能解决楼层之间人流的集散，楼梯也是上下空间沟通的载体，使空间自然地承启转折。尺度：廊道既是交通连接体，又是校园学生相遇的场所，除了满足交通通行，也要符合交流场所的尺度。开放性：封闭的廊、通透的廊、露天平台、内庭院底层架空空间等，使其成为一系列的开放交流空间，为学生创造充满阳光、空气、绿化的内部主体生态体系和外部多层次绿化系统，以促进学生的健康素质及思维能力，并通过学生的参与活动来体现学校的凝聚、交流、有活力的学习氛围。

厅：厅也是创造丰富校园空间环境的一个有效手段，同时为师生提供了良好的交往活动的场所。师生既能在此交往，站立交谈、观景，也可以设置临时的座椅作为方便私密的交流。同时，又能欣赏厅内墙壁建筑优美的景色，这对于精神文化的提升无疑会起到良好的促进作用。

在多元文化并行发展的信息时代，环境艺术设计的风格、流派呈现变化频繁的趋势。因此，在环境设计领域现代设计中各个风格与流派均有独到的表现，下面介绍几种风格与流派，以此在厅与廊的设计中得到有益借鉴。

1. 光洁派

光洁派是盛行于 20 世纪六七十年代的室内设计流派。他们擅长在简洁明快的空间里，运用现代材料和现代加工技术的高精度的装饰传递时代精神，现代主义建筑大师密斯提出的"少"就是"多"，就是这一派设计师的信条。在这一信条的指引下，他们简化室内梁板、柱、窗、门、柜等所有构成元素：顶棚、地板、墙面大多光洁平整，部分装修材料则着意显示材料本身的质感和肌理效果。设计师们还不断创造新的材质肌理效果，室内也部分地使用玻璃、金属等硬质光亮的材料。

光洁派的设计给人以清晰整洁的印象。由于装修及室内摆设上没有烦琐的细部装饰，因此便于加工制作，在使用过程中也易于清洁维护。但光洁派的设计作品过于理性，有时缺少人情味。但是这一设计流派是工业生产发展的产物，它的历史影响是深远的。

2. 高技派

在许多人强调建筑的艺术性、人情味和乡土化的今天，高技派的设计作品在表现时代情感方面也在不断地探索新形式、新手法，所以高技派仍显示出锐气不减、活力不衰的发展势头。高技派在材料运用与肌理表现上有以下独具的特色：

（1）内部构造外翻，显示内部构造和管道线路，无论是内立面还是外立面，都把本应隐藏起来的服务设计、结构构造显露出来，强调工业技术特征。

（2）强调透明和半透明的空间效果，喜欢采用玻璃、半透明的金属网、格子等来分隔空间，形成室内层层相离的空间效果。

（3）高技派不断探索各种新型高质材料和空间结构，着力表现建筑框架、构件的轻巧。常常使用高强度钢材和硬质铝塑材料以及各种化学制品，作为建筑的结构材料，建成体量轻、用材量少，能够快速与灵活地装配、拆卸、改建的建筑结构与室内空间。

3.后现代主义派

后现代主义派强调高建筑的复杂性与矛盾性，反对简单化、模式化；讲求文脉，追求人情味，崇尚隐喻与象征手法；大胆运用装饰和色彩，提倡多样化和多元化。在造型设计的构图理论中吸取其他艺术或自然科学概念，追求片从、反射、折射、裂变、变形等肌理效果，也用非传统的方法来运用传统，以不熟悉的方法来组合熟悉的东西，用各种刻意制造矛盾的手段，如断裂、错位、扭曲、矛盾共处等，把传统的标件组合在新的情境中，让人产生复杂的联想。

4.白色派

在室内设计中大量运用白色，构成了这种流派的基调，故名白色派。在室内装修选材时，墙面和顶棚一般均为白色材质，或者在白色中带有隐隐约约的色彩倾向。在大面积使用白色材质的情况下，装修的结构部位、边框部位有时采用其他色质材料，以取得大面积白色统一、小面积材质对比，用提神的做法来收获更好的效果。运用白色材料时往往暴露材料的肌理效果，如突出白色云石的自然纹理和片石的自然凹凸，以取得生动效果。或者使用显露木材的木眼、纹理的白色漆饰板材，具有不同织纹的装饰织物、编织材料，不同表面效果的白色喷涂等，来避免白色平板的单调感。

21世纪是我们设计空间有别于历史上曾有过的任何设计时期，由于同时存在着多种不同的，甚至是相互对立的设计流派，这就给我们在分析风格时带来困惑，但同时也给我们提供了大量学习与借鉴的依据，最前卫的现代建筑理论与流派，对我们今天的空间设计尤其是连接空间厅与廊的设计与创新提供了丰富的设计资源。

（二）厅廊文化中教育内涵的体现

中国教育的内涵由传统的教师对学生的单向灌输向以学生为主体、以人的发展和素质培养为中心的开放式教育转化，知识不仅由老师教授，而且是在老师与学生、学生与社会甚至是学生与学生的接触和交往中被传播与证实。学生综合素质的培养需要掌握不同学科的知识、专业协作精神和合作能力，加强各学科之间的横向联系和交流合作，促进师生相互间的交流、交往。

文化走廊以及办公楼走廊张贴师生优秀书画作品和一些名家名作等，使学校的每一块墙壁、绿地和每一片景色都能"说话"，使每一个置身于校园的师生，随时随处都可以目睹出自师生之手的佳作，欣赏名作，时刻都受到美的教育、美的熏陶，得到赏心悦目的精神享受，产生聚合力量，激发集体荣誉感，使师生热爱学校的情感油然而生。优美的物质环境本身能给人以美感，以直观的方式呈现着崇高的审美理想和高尚的审美情趣，它能在丰富人们的感官刺激的同时，使人们身心获得松弛、安宁和愉悦，还能起到净化心灵、陶冶情操、升华道德、激励向上的作用。走廊的陈设重在提高学生的艺术修养，似审美艺术的乐园。

四、教室文化

教室文化主要体现在两方面，既要符合学校室内空间的设计理念，又要更好地诠释中国教育的内涵。

（一）学校室内空间的设计

室内空间的设计也称室内设计，是把室内空间进行划分的空间设计，室内设计是室内装饰一词的衍生。所谓室内是指建筑的内部空间，现在"室内"一词的意义应该理解为既是单纯的空间，也指室内装饰发展而来的规划及设计的内容，它是工业化指向的功能性、合理性与情感化指向的情绪性、装饰性的生成。随着机械化工业生产的发展，装饰系统更多地运用部件的组装，但设计作为文化，它还将要满足于多样化及个性化的要求。以学校的室内环境为例，更应该具有行业、地区及校本文化痕迹，因此有人曾提出"室内系数"一词，其意思就是衡量室内设计的文化标准。如果把建筑当作外衣，那么室内则是"内衣"，既与人的肌体直接接触，又在外衣与肌体之间充分发挥着服饰的功能，因此内衣比起外衣来需要更加微小的设计。

学校的环境形成，从利用树木建造的学堂开始，到平坦的地面上自立结构的学校，都是由人们进行某些控制而形成的"目的意识"。学校环境是以人们为学习（目的）的利益及便利（评价），加上人为的因素（操作），据此影响（文化）所形成的空间环境。学校是高度文化及环境质量的结合体，它应包括目的与人的学习要求，要求是功能，要求是满足，理解是空间，具有限定性。学习空间有时也决定学习的行为，空间规模与设施规模就为布置及人们的学习活动产生了布局与动线，同时也与人体工程学发生着最为密切的联系。温度与湿度、采光与照明、色彩与声音、通风与换气、配套设施与教学设备、结构与展示都成为室内空间设计所涉及的内容。地面、墙、顶棚、洞口（窗在建筑用语上称洞口）、桌、椅、器具均含有肌理及装饰的因素，因此，室内设计有时是通过空间归纳构思逐步实现完成的。一是从平面及剖面上考虑；二是从网格、样式、类型来考虑；三是抓住空间认清结构；四是从因素上构思；五是从色彩及材料上取得头绪；六是从师生的学习方便、行为方式上考虑；七是从语言的统一上考虑；八是参考优秀的室内设计实例等。

在学校室内空间设计中还应运用视觉美感的形态元素：

1. 点的形态特征

形态中点代表位置，点是最基本的单元，点是多样的、千变万化的。点分为规则点和不规则点，规则点是具有规则的外形的圆点、方点等，不规则点是任何形的点，在现实生活中任何形态缩小到一定程度都具有点的形态。

2. 运用广泛的线

线在几何学中表示两点之间的距离，具有较强的视觉张力。整齐排列的线具有明显的秩序感，并能有效地统一形态的展示面。设计中有意识地运用线的特征，可以在视觉上达到改变或扩大空间的目的。直线稳定、平稳；曲线活泼、浪漫；垂直线庄重、高尚；水平线平行、安定；斜线有飞跃或冲刺前进的感觉。

3. 构成视觉形态的面

面是线移动的轨迹，面的形态受"线"的限制，面有长度、宽度，面没有深度，面在构成设计中起主导作用，它的视觉冲击效果很强。面有直线型、曲线型、自由型和偶然型。

三角形是所用直线最少的图形，但如将三角形的形态做一些变化，从平面的三角形（面）会发展出立体的金字塔形或棱形、锥形等，表现出丰富的视觉效果，给人以稳固且庄重的视觉美感。不同大小和形状的长方形组合在一起，则可以产生丰富而有序的变化。正方形是变化较小的形态，但是如果加以独特设计，也能产生别出心裁的效果。通过点、线、面进行形态构成的练习，实质上是开发潜在创造力的一种造型方法，这种造型能力的创造不只停留在视觉元素的组合关系和训练上，更注重对形态创造性思维的表达。视觉与形态是由感觉与知觉形成，眼、耳等感觉器官受到外界的刺激传到大脑，则是感觉；把感觉与既往的经验及现实的状态结合起来的认知、认识的过程，就是知觉。因此设计者就需要通过我们的视觉，对形态上的基本元素进行思维设计，从而让空间环境中生存活动的人群产生美的知觉。

因此，在视觉思维的参与下，上述视觉形态元素会形成各种不同的形态，正是这种平面和立体的造型，才为学校室内空间设计提供了丰富的形象设计空间。在"功能第一"的设计美学原则指导下，这些形态以静态与动态、线与形体实现着视觉美感与环境的合一。

（二）在教室文化中体现教育的内涵

学校室内空间环境的设计，有时与展示发生着紧密的联系，物体摆设、室内展板、空间布置，都能为学生提供开放的学习环境、主动感受知识的场景。有的学校根据课程改革的需要，建设专业化教室、活动室，配备音像及网络设备，为师生提供了无限丰富的环境资源，有时学生还在设计师或美术教师的指导下亲自动手参与改造与设计。

教室文化的建设，要从班级的远期、近期目标出发，以提高全班学生素质为目的；依据学校教学阶段和学生的年龄特征而定。不同的专业、不同的学生群体，教室文化设计和建设各不相同。但一般都可从环境文化、制度文化、精神文化等方面来进行建设。

教室作为学生最主要的学习生活场所，其文化环境是以学生为主体创造出来的，而文化环境反过来又给学生以改造，决定和影响他们的成长发展。一个幽雅的、健康的环境，影响着学生个性的培养、心理素质的锻炼、道德习惯的形成、知识才能的增长、法律意识的强化。教室文化建设是班级管理不可缺少的一部分，它在学生的成长过程中具有异乎寻常的意义，在提高学生的审美能力方面有着不可忽视的作用。

1. 意趣美

中小学生热情活泼，富有青春活力，在他们的内心世界里，充满着神奇、幻想与追求。大自然的雄奇秀丽、江湖海洋的惊心动魄、重峦叠嶂的奇崛突兀，茫茫宇宙的神秘莫测，都在他们的心目中占有一席之地。特别是那些反映中小学生生活与情趣的艺术作品，更是备受他们的青睐。

"以我手，述我心，写我情，画我魂"是当代中小学生的"格言"，过于严肃的作品同他们的青春、活力、潇洒、浪漫格格不入，不受他们欢迎。设计什么样的艺术作品，得从孩子们的欲望出发，充分考虑他们的感受。班级之间在各方面是有差别的，设计也要考虑到如何才能表现出本班的个性，不能见其他班怎样我们班也怎样，以致失去了自我。一所学校，就是因为有那么多富有个性的班级才显得异彩纷呈的。

2. 格调美

设计教室文化的目的不是为了应付学校对班级的检查评比，不是为了追求高分及随之而来的名声，而是在于让学生在教室文化的"润物细无声"中受到教益。因此，内容必须格调高雅、意蕴无穷。如果忽视了这一点，教室文化将会黯然失色。

教室文化设计应当艺术地再现生活，内容要充分考虑中小学生的情感发展特点、个性发展特点，要体现出他们的热情向上，反映出他们的团队精神和心中的渴求，进一步激发他们的探索精神，培养他们的道德感、理智感、审美感、责任感。

3. 层次美

教室是学生在校活动的主要空间，要造成一种宽松、和谐的氛围。字画、奖状等的张贴，报刊、流动红旗的悬挂，花卉盆景、桌凳的摆放……就跟家庭布置一样，既大方，又层次分明。大方能使学生感到心胸开阔，层次分明能使学生感到多而不臃肿、繁而不紊乱，有助于学生身心健康发展。

健康、和谐的教室文化，是又一门重要的文化课程，对学生具有积极的陶情育美作用，对学生良好个性的发展具有积极的引导作用，对班级的发展具有积极的促进作用，应该充分地利用好它。

综上所述，校园文化是学校的核心价值观，是维系和凝聚全校师生的价值认同，是一个学校的灵魂和最为宝贵的财富，是推动学校发展的精神支柱和惯性力量。校园的自然环境美作用于学生的感官，升华出美感；校园的文化环境美更使学生感受到人与人之间的亲切与友善，从尊重、关怀、期望中获得巨大力量，从而产生强烈的学习动机，学习意志品质由此而得到培养。以上这一切构成了校园环境美。总之，校园的环境美不但净化了学生的心灵，而且发展了学生的审美情趣。校园环境的整体和谐，使学生耳濡目染，在美的氛围中逐渐培养他们美的观念、美的语言、美的行为、美的生活情趣和崇高的人生理想，为他们今后的成长打下了坚实的基础。

因此，学校文化建设会成为影响学生群体学习和生活的规范力量，它是一种具有心理制约作用的行为风尚。通过这种无形的人文环境因素，使所有成员的感知在与学校文化环境长期交往中形成一种共同的、积极的心理倾向；通过校园文化环境艺术化的载体，不断推进审美育人的动力系统，构建学校文化的突破，这种巨大的教育力量是潜在的、隐性的，是无时无刻不在发生作用的。

第二节　学校精神文化的美育

优秀的学校精神文化必定是经过长期精筛细选积淀下来的，它会使身处其中的每一位师生员工都感到一种强烈的磁场效应，无声地引领大家向既定的方向前进。学校精神文化的美育功能主要表现在以下方面：

1. 有利于人格培养

丰富的校园精神文化，不仅能使学校的校园生活丰富多彩，而且能让学生在紧张的学习之余身心得到放松，从而有利于身心健康，并有利于他们形成积极的情感和生活态度。教育是个长期的行为，讲究身教胜于言传，而在教育中，能够提高人的生命质量并给予人终极关怀的是美育，美育最重要的特征是"熏"，是"陶"，是丝丝细雨"润物无声"，所以，在一个具有丰厚文化底蕴、处处展现着美的校园里，在文化那种水深静流的影响和打磨下，当所有美的事物中所蕴藏的诸多教育因素被学生所感悟、引起学生共鸣时，将使他们感受到生活的美好和生命的意义，以积极、乐观的态度面对学习、面对生活，从而形成健全的人格。长期生活在一个具有浓郁的文化氛围，高雅、和谐、进取的文化环境中，人也会不知不觉变得美丽、文明和高尚。

2. 有利于道德养成

心理研究表明，良好的学校精神文化能够通过心理暗示、集体舆论、从众心理的特殊机制规范学生的行为，提高学生的道德修养。比如校园里一棵奇崛的老松，树杈上用红线系上一个白胡子形状的小牌儿，写着"看着你们，我都年轻啦"，阵阵松香送来老松的清香，让人感受到的是环境带来的温馨和欢愉，老松的苍劲奇崛、小牌儿上的感慨是无声的影响和劝诫。见到这些，还会有学生淘气地悬吊在树枝上荡秋千吗？回答显然是否定的，相反，它还会促使学生油然产生一种自豪感、责任感和爱心，并自觉规范自己的行为。长期处在这样的环境中，这样的行为就会逐渐内化为自身的一种品质，从而有利于良好的道德养成。

3. 有利于艺术陶冶

一提到文化，人们很容易联想到文学、艺术。尽管"文化"的概念很宽泛，但文学、艺术始终是"文化"的基本，而艺术教育更是学校文化、美育的重要组成部分。人说，大美无言，充满着浓郁艺术氛围的校园是无声的但又具有独特魅力的"教科书"：利用橱窗、板报、校园广播等，可以传播丰富的艺术知识；利用师生习作、名家名作陈列等方式，可以拓宽学生的艺术视野；开展丰富多彩的校园艺术活动，可以开发师生的艺术潜能，提高其艺术素养；而作为一种"凝固的艺术"，校园的建筑景观，本身就可以使学生受到建筑、雕塑、园林等多种艺术形式的启示，并体会到蕴含其中的浓郁的艺术人文精神。

第三节　校园人际关系的审美化

一、校园人际关系的内涵

校园人际关系是指校园内师生之间、教师之间、学生之间、学校行政管理人员与师生之间在思想、学习、工作、生活等方面的交往、联系的关系。

审美化的校园人际关系是整个学校精神文化建设的核心，也是学校美育工作的重要环节。因为审美化的校园人际关系是校园审美文化的最深层次，它不仅存在于校园生活的方方面面，而且潜移默化地培养着青少年的爱心、理解人并努力与他人沟通的自觉意识和能力，而且校园这种人际审美关系最突出的特点就是师生之间心灵的沟通和情感的交融，它最充分地体现了学校教育的功能，因此审美化的校园人际关系就成为综合性地、有效地培养青少年完整、高尚人格的摇篮，同时也是学校实现最大教育功能价值和文化价值的重要保证。

二、校园人际关系审美化的原则

人是最复杂的动物，而由于人际关系中往往隐藏着人与人之间的利害关系，又使得人际关系成为每个人一生中必须要面对的各种关系中最复杂的一种关系。在这众多人际关系中，唯独人与人之间的审美关系是一种以"美"为最高标准，无官能欲望、不计利害、彼此沟通融合的和谐纯正的情感关系。当然，我们所说的校园人际关系的审美化，或者说建立师生之间的审美关系，并不是要把师生之间的关系变成某种单一的审美主体对审美客体进行审美活动的关系，而是要根据美的规律与审美的原则来处理校园内的各种人际关系，在校长和教师、教师和学生、教师和教师、学生和学生之间建立起一种具有审美属性的相互信任理解、心灵交流、共同进步的关系。

在校园所有的人际关系中，最重要的是师生关系，而师生关系的背后，校长及相关学校管理人员同教师的关系又对师生关系的好坏有着不可忽视的影响。

1. 校长（学校管理人员）与教师关系的审美化

人们常将校长比喻为一所学校的灵魂，成就一所学校的关键。但客观上，管理者与被管理者又是矛盾的两个对立方。如何冲破阻碍，建立和谐的校长与教师关系，关键在校长。说到此，大家都会不由自主地想到昔日清华、西南联大的校长梅贻琦。纵观中国教育史，伟大的教育家不难举列，但是像梅贻琦那样一生服务于一所大学并且成功地奠定其校格的则不多见，梅先生因此被清华人誉为"永远的校长"。回忆梅先生，其发自肺腑的"生斯长斯，吾爱吾庐"不仅感动着一代又一代的教育工作者，而且更重要的是其"无为而治""吾从众"的民主治校思想，使得西南联大在最艰难的时候仍然能够使众多教育名家、饱学之士济济一堂，从梅校长夫人自己动手制作并在学校门口卖"定胜糕"、建筑大师梁思成夫妇含泪数次易稿设计校舍——茅草屋，到华罗庚拖着残腿牛圈深夜演算……几十年后，当年茅草屋里成长起来的那群穿草鞋的孩子，登上了诺贝尔物理学奖的领奖台、引爆了中国第一颗原子弹和氢弹、制造出了中国第一台亿次银河巨型计算机和第一根单膜光纤……大师们的报国之志和丰功伟绩名垂千古，梅先生的"核心"凝聚作用和率先垂范的高风亮节更是熠熠生辉，"所谓大学者，非谓有大楼之谓也，有大师之谓也"，这种"无为而治""吾从众"礼贤下士的谦逊，艰难困苦中的披肝沥胆、忍辱负重、一心为公的襟怀就是我们要推崇的一种高境界、审美化的领导者风范和对待教师的态度。

当然，现在我们的教育教学环境都有了很大的改善，我们也不会苛求每个校长都要做到梅先生那样，但要想构建高品位、充满人文关怀的学校文化，办"让人民满意的教育"，一个没有私欲、没有龌龊，平日不见强势，大事面前有担当，宽容大度、真诚待人的校长作用举足轻重。

我们的身边不乏可敬可爱的校长，每每与其相处，我们不仅叹服于他们自身的才华和工作能力，更常常为他们以人为本、营造与教师之间和谐美好人际关系的工作细节所深深打动：哪个教师遇上难事，他（她）总是最先知道、最先伸出援助之手；学校有客人来，先推出自己的老师并热情地对客人介绍说这是"我最亲密的朋友们"；出差回来，心仪的教育书籍多背几本分送给需要的老师；荣誉面前，退后一步，让给默默工作的别人……事情不一定轰轰烈烈，但温情却一定会感染每个与其相处的同人。曾认识一位被授予省级十大杰出青年的学识渊博的女校长，从不见其发号施令，而是发挥自己善于因势利导的优势，根据自己学校教师的特点，定期召集老师举办诸如"读书的女人最美""巧打扮""教子心得"之类沙龙活动，与老师们倾心交谈，尽己所能帮助解决成长过程中的困难。现在，一接触其学校的老师，不出三句话，就会满怀敬佩地提起校长，而在每个老师的高雅言谈举止中，又何尝没有看到校长平日润物无声般的影响？甚至，这种影响已经扩大到老师的家庭生活中，人人都在像校长那样营造书香家庭，细心呵护亲情，润物无声地影响孩子。可知，这是一个多么美好而伟大的事业啊！

2. 教师之间人际关系的审美化

当今世界，社会分工空前细密，每一项新事物的生成，都需要八方联动、协同作战。在新一轮基础教育课程改革中，"校本课程"概念的提出，就是要结合不同学校的实际情况，发挥学校内部团队优势，立足校本"教研"，形成具有学校个性特色的课程体系，在此期间，同专业、同学科、不同专业学科的教师间基于良好的人际关系而产生的相互交流与共同提高就尤为重要。事实上，营造审美化的人际关系，不仅是事业、工作所需，更是其成员轻松愉悦工作、实现生活艺术化的重要保障。

3.师生之间人际关系的审美化

20世纪80年代以来，我国教育理念和教育初衷确立了主体教学论，形成了"双主体"论的观念，即教师起主导作用，学生处于主体地位。毫无疑问，确定学生的主体地位是我国教育的一大进步，但在实际的教育教学理念与实践研究中，我们是否真正做到了很好地理解学生并实施了真正的人的教育？审美化师生关系的营建就是个不错的起点，营建审美化师生关系，教师是关键，"民主、平等"是基础。

值得欣慰的是，已经有很多学校认识到了营建审美化师生关系的重要性，并采取了诸如设置师生对话墙、网络互动系统，提供师生平等交流的平台；在每个教室的外面都设置一张小桌子，两把小椅子隔桌相对，寓意师生平等对话；桌上安放个小鱼缸，里面一条小鱼安静快活地游弋于水草间，意在提醒师生对话要心平气和等措施，这些举措对于建立良好的师生关系都有着积极的导向作用。

当然，以上这些都是学校层面为了营建和谐的师生关系所采取的一些形式上的举措，其实真正起决定作用的往往是教师自身。

首先，教师要不断加强自身审美修养。教育的中心是人，教育的目的是培养人，只有不断提高教师内在的审美修养，教育行为的一切外在形式才真正具有美的力量。教师的审美修养指教师所具备的审美经验、审美情趣、审美能力、审美理想等各种因素的总和。在这里，审美修养既体现为教师对美的接受和欣赏的能力，又转化为教师对审美文化的鉴别能力和审美文化的创造能力。

其次，增进师生之间的彼此理解与包容。理解包含着人们对自己周围事物的一种内在感受。前面我们已经提过，由于人的主观局限性，人的感受往往具有某种主观性与自我性，因此人们对周围事物的内在感受就呈现出种种差异。要想实现人与人之间完全的理解是不可能的，认识到这一点就不会苛求于人。

苛求他人的人常埋怨别人对自己的行为和目的缺乏理解、认同与支持，而从不愿意去理解别人，因此自己也常陷入孤独、郁闷。要摆脱这种人生的困境，就要不断地提高自己的人格品位，热爱生活，在与人相处中做到不苛求、通情达理、善解人意、将心比心、善待他人。校园中，师生每天朝夕相处，教师要守护自身的师道尊严，学生的自我意识越来越强烈，所以，如果不能相互理解包容，特别是教师在其中不能理智谨慎地处理问题，最容易产生师生间的摩擦。实现师生之间关系审美化，最重要的就是这种相互间的敞开内心、相互理解。教师要理解与尊重学生的心理愿望和需要；学生则应理解与尊重教师的辛勤劳动和爱护学生的一片赤诚。师生之间相互理解。值得提出的是，由于教师在"双主体"观中居主导地位，就更应加强自身审美修养，以自身的魅力吸引学生并主动亲近学生，以真诚唤起真诚，以爱唤起爱的回应，真正以平等的朋友姿态善待学生。

最后，师生之间彼此相互信任。彼此信任是搞好校园人际关系的前提。师生之间在校园里离不开合作，离不开互相帮助与支持，这就要求必须彼此信任。在教育、教学活动中，当学生遇到某种困难或心理压力时，教师一个关切的眼神、一句亲切诚恳的慰问，就会传递出一种信任，从而鼓舞学生克服困难、释放压力。相反，教师遇到难事或不开心，学生的一个笑脸、一句问候也会让教师觉得由衷的幸福。教师的幸福之源是什么，就是学生，是学生的理解与信任，是学生的有所作为，是学生一颗颗纯洁善良的心！

参考文献

[1] 李雷.文艺批评参与美育的必要性探究 [J].中国文艺评论, 2022（11）: 90-99.

[2] 尹爱青, 刘畅, 柳欣源.增值赋能: 中国特色学生美育评价的逻辑理路与实现路径 [J].东北师大学报（哲学社会科学版）, 2022（6）: 165-173.

[3] 王莎莉.闽南"非遗"舞蹈文化的高校传播价值及其路径: 基于学校美育的视域 [J].集美大学学报（教育科学版）, 2022, 23（5）: 82-88.

[4] 马志辉.美育在高校人才培养中的作用与途径研究 [J].就业与保障, 2022（9）: 136-138.

[5] 胡夏, 张汉超.美育生态化的策略研究: 以珠海舞蹈美育为例 [J].大众文艺, 2022（18）: 107-110.

[6] 单宏健.学校美育评价改革: 出场、逻辑及其实践路径 [J].教育学术月刊, 2022（9）: 48-53.

[7] 钱小华, 杜伟.美育改革背景下艺术类高校美育实践路径探赜 [J].四川戏剧, 2022（8）: 166-170.

[8] 滕丹.新时代高校美育工作的现实困境及破解路径 [J].学习与探索, 2022（9）: 58-62.

[9] 徐猛, 王亚军.学校即美育空间: 实践偏向、应然指向与建构路向 [J].课程·教材·教法, 2022, 42（9）: 94-100.

[10] 余云德.校舍虽然临时, 但美育不能临时: 浅谈新时代学校美育工作的价值与路径 [J].中国艺术, 2022（S1）: 91-96.

[11] 刘婷.美育机制下音乐教育的现状分析与策略研究 [J].艺术评鉴, 2022（15）: 107-110.

[12] 刘玉清, 陈晓曼.美育全覆盖进程中大学美育的纵向衔接 [J].中国大学教学, 2022（8）: 68-73.

[13] 王东，于妙 . "培根铸魂" 的学校美育评价体系构建原理与方法研究：从审美素养的核心内涵到多维空间的培养路径 [J]. 工业设计，2021（9）：33-36.

[14] 苗颖，宋强 . 美育的有为与有效：美国 K-12 艺术教育的探索历程及其启示 [J]. 比较教育学报，2022（4）：86-97.

[15] 李福源 . 在文化自信视域中强化美育工作 [J]. 社会主义论坛，2022（8）：37-38.

[16] 叶彤彤 . 高职美育课程建设的优化研究 [D]. 广东技术师范大学，2022.

[17] 郭鑫茹 . 美育视域下高校音乐体态律动课程的实践应用 [D]. 山东大学，2022.